A MEDIDA DO IMPOSSÍVEL

Fernanda Papaterra Limongi

A MEDIDA DO IMPOSSÍVEL

AXIS MVNDI

Capa de Alê Rodrigues, com foto de Plínio Borges

Editoria de texto: João Carlos Carvalho
Projeto gráfico e editoração: Alê Rodrigues

Dados Internacionais de Catalogação na Publicação (CIP)
(Câmara Brasileira do Livro, SP, Brasil)

Limongi, Fernanda Papaterra
A medida do impossível / Fernanda Papaterra Limongi. -- São Paulo : Axis Mundi, 1998.

ISBN 85-85554-10-x

1. Romance brasileiro I. Título.

98-2794 CDD-869.935

Índices para catálogo sistemático:

1. Romances : Século 20 : Literatura brasileira 869.935
2. Século 20 : Romances : Literatura brasileira 869.935

AXIS MUNDI EDITORA LTDA.
Rua Rui Godoy Costa, 29 CEP 04549-030 São Paulo, SP
Tel/fax: (011) 866-6229

DISTRIBUIÇÃO:
Catavento Distribuidora de Livros S/A
Rua Conselheiro Ramalho, 928 CEP 01325-000 São Paulo, SP
Tel: (011) 289-0811 Fax: (011) 251-3756

Para E.S.P.,
que se lembrou...

Agradecimentos

Algumas pessoas muito queridas tiveram um papel importante neste livro.

Por diferentes motivos e razões, gostaria de dizer o quanto vocês são especiais, e dedicar este trabalho também à Mami-Mami, à Flor (revisora, revisora!), ao Boy, à Maura, ao Marcos, ao Edu, por todo amor e carinho.

A vocês que leram, deram palpites, ajudaram, esperaram, participaram, também dedico: para Ligia (que leu alguns originais num longo vôo Seattle-New York); para Flávia (que apareceu depois de eu ter começado a história e que constatou que sincronismos existem); para Fred (pelas belas visões); para José Maurício Catto, in memoriam (que foi embora sem avisar, mas que continua presente); para Jim Chistianson, "Tiger Jim" (que acreditou).

Por toda amizade e incentivo, quero agradecer de modo muito especial ao meu amigo Gerd Tykocinsky.

E finalmente quero lembrar que a bela foto da capa foi cedida gentilmente pelo meu amigo Plínio Borges que, assim que este livro estiver pronto, vai ganhar a sorte grande e conseguir tudo que quiser na vida. (Ele sabe porquê). Não é verdade, Plínio, que tudo o que escrevi aconteceu?

Todos vocês tornaram "A Medida do Impossível" possível.

"O único meio de descobrirmos os limites do possível é irmos além deles, até o impossível."

Arthur C. Clark

"A possibilidade é a natureza de Deus; a impossibilidade é a limitação do homem."

Inayat Khan

1

Sonhou novamente que tinha voado. Acordou apressada e resolveu não anotar o sonho, como fazia às vezes. Não daria tempo. Tentou recapitulá-lo mentalmente, assim talvez o recordasse mais tarde.

Desde pequena sonhava que voava. E a sensação – muito agradável, por sinal – era sempre a mesma.

2

Um painel eletrônico em forma de pirâmide indicava que aquele era o décimo quarto dia do mês de abril do ano de 2.025.

Os dois se olharam cheios de ternura e debruçaram-se por sobre o globo terrestre, uma verdadeira relíquia do século vinte.

– Você se lembra – ela foi dizendo, e ele a interrompeu, brusca, porém carinhosamente. E abriu-se naquele sorriso maroto, que ela tanto conhecia. Foi quando ela pensou: *Ainda parece um menino.*

– Quer escolher? – sugeriu ele.

– Que tal o Tibete? Indonésia? Arábia Saudita? Butão? Meu Deus, que faremos nós dois no Butão?

– Nós também nos perguntamos o que faríamos no Brasil no século passado.

– Acha que fizemos alguma coisa?

O rosto dele se iluminou e era como se mil estrelas cintilassem à sua volta.

– Você ainda tem alguma dúvida?

3

São Paulo, 14 de abril de 1990.

Doutora Analista,

Segundo sua solicitação, me disponho agora a anotar (a duras penas, pois tenho só cinco minutos e ainda nem almocei) as principais coisas que me ocorreram à mente antes da minha sessão de análise hoje às dezoito horas.

Conforme fui instruída, devo deixar o pensamento correr solto pelo papel. Só que o que apareceu agora aqui foi uma pulga e pensei que fosse um acento circunflexo fora do lugar, até que começou a se mexer. Que conclusão eu tiro desta história? As aparências enganam.

Estou com fome e irritada. Leandro não ligou e estou com trabalho atrasado. Preciso lavar o carro, os cabelos e principalmente a alma. Arrumar algumas gavetas e algumas idéias.

Ah, sonhei, sim, espera... o quê mesmo? Havia uma casa. Sim, a mesma casa, a da Rua Batatais. E eu voava.

Interrompeu ali mesmo e saiu para almoçar. Mas levou o bloco com ela.

Entre outras coisas, Flávia gostava de escrever. E escrevia nas horas vagas e nas não tão vagas. Enquanto esperava a conta, o carro no lava-rápido, o filho na escola, a vez no banco.

Escrevia na agenda, no guardanapo de papel, no papel do pão, no que estivesse à mão.

Naquele dia, depois da sessão de análise, voltou resoluta: ia escrever um livro, talvez uma autobiografia. Às dez da noite, quando os filhos e o telefone sossegaram, sentou-se e escreveu:

Sou do signo de Virgem e talvez isto explique muita coisa. Meu gosto por estudos místicos e esotéricos, a paixão pela medicina, a mania de querer tudo em ordem. Não que eu seja ordeira, pelo contrário. O porta-luvas do meu carro não me deixa mentir. Mas é a obsessão de que tudo esteja absolutamente sob controle, a vida arrumada e passada a ferro, os fatos empilhados e tudo absolutamente limpo e desinfetado. Não, não me refiro a coisas materiais. Em vez de limpo e desinfetado, leia-se claro e resolvido. É evidente que, com a vida que eu levo, trabalhando de sol a sol, mãe de dois filhos e separada, isto é literalmente impossível.

Meu nome é Flávia Cardoso de Almeida. Morei no bairro das Perdizes até casar. Perguntavam-me se era parente da rua. Peguei o tempo em que a Cardoso de Almeida (a rua) ainda tinha bonde, com ponto final na rua Caiuby. Este simples fato já foi alvo de muita especulação de minha parte, na época em que eu compilava coincidências. Isto no tempo em que o Roberto Caiuby disse: – Vou entrar na sua vida. – E acabou entrando mesmo. Nada mais do que duas ruas se cruzando.

4

Leif abriu um olho e estranhou estar amanhecendo. Não se lembrava de ter pegado no sono. Por um momento, sobreveio-lhe uma sensação de irrealidade, talvez acentuada pela névoa espessa característica daquele amanhecer no sul da Dinamarca. Levantou-se e o corpo forte e musculoso contraiu-se num espasmo de dor. Então olhou para o lado e viu o corpo morto do javali. Corria o ano de 1212.

Em casa, Rebeca havia dormido na cozinha junto ao caldeirão. Estava acostumada a esperar, o que não a impedia de entristecer-se quando ele não chegava. Amava quando ele a levantava e a rodopiava no ar, e a apertava com seus braços fortes.

E naquele dia, quando chegou – bravo guerreiro, porque não diz onde esteve? – ele só a olhou, deitou-se no catre e dormiu profundamente.

Rebeca velou seu sono, olhando-o com quase adoração. E quando o tênue sol do dia desaparecia no poente, ela notou seu corpo tremer e cobriu-o com a pele de carneiro. A febre só cedeu de madrugada e ela só deixou seu lado para avivar o fogo da lareira. Leif delirava, mas não se conseguia entender o que dizia. E quando acordou, tomou Rebeca nos braços, mas não disse nada. E ela nunca ficou sabendo da história do javali.

5

Flávia escreve:

Sou veterinária. Minha paixão pelos bichos nasceu comigo. Lembro-me de intermináveis tardes, debruçada em cima de livros de animais, e de tias me exibindo para visitas:

– Ela sabe qual é o bisonte. Flá, mostre a vicunha. Agora o texugo.

Eu tinha três ou quatro anos e apontava todos corretamente. Um dia, tia Amália me segredou nunca ter ouvido falar da vicunha. Fiquei toda orgulhosa e guardei o segredo.

Na infância tive gato, cachorro, passarinho, formiga, minhoca, tartaruga, sagüi (por dois dias), papagaio, cobaia, pintinho, pato, algumas pombas clandestinas.

Gatos foram vários, até perdi a conta. A "Não-me-toques" deu cria dentro da cômoda da Celina, minha irmã menor. Foi o primeiro parto a que assisti. Nasceram cinco: o Tigrinho, o Amarelinho Alteza, a Calminha e os dois pretinhos, que morreram dias depois, na Abolição da Escravatura. Isto me intrigou.

E o insólito não pararia por aí. A Calminha morreu no dia 15 de novembro, estragou meu feriado. O pato morreu no dia de Reis. Lembro-me, porque papai havia feito uns versinhos:

Morreu o pato
Que judiação
Ficou estendido
Ali no chão.

Morreu o pato
Sem dar um pio
Seria um gato
Ou seria o frio?

Em janeiro
No dia seis
Foi-se o pato
No dia de Reis.

O Alfredo era a galinha do meu irmão. Sobreviveu ao Sete de Setembro mas morreu na Proclamação.

Ninguém dava muita importância quando eu citava estes fatos, mas foi aí que comecei a anotar minhas coincidências preferidas. Acabei achando que havia uma relação qual-

quer de causa e efeito oculta nestes acontecimentos.

Mas – perguntava-me – qual era a força que fazia com que nossos animais morressem em determinadas datas comemorativas? Qual era a trama por trás de tudo isto? Não havia lógica.

Porém, o mais curioso ainda estava por vir. Relacionava-se com os nossos cães.

Nosso pastor alemão morreu numa tarde de inverno em 1963. Estávamos todos cabisbaixos, lamentando o fato. Eu e a Celina choramos. Recordo-me de ter sido meio malcriada com nossa professora de inglês, que vinha lecionar em casa. Mamãe explicou:

– Estão assim porque morreu o cachorro.

Momentos após, o rádio deu uma triste notícia: o tão querido Papa João XXIII, agonizante há dias, acabava de falecer.

Aquilo me marcou de modo indelével. Saí para o jardim, olhei o céu, perscrutei as nuvens. Morrera o Papa e o nosso cachorro.

Passaram-se anos. O segundo foi um adorável cãozinho, metade poodle metade cocker-spaniel. Preencheu e alegrou nossas vidas durante um bom tempo. Um belo dia, apareceu morto. Causa mortis: ignorada.

Mamãe ligou para me comunicar. Neste mesmo dia, os jornais anunciavam a morte do Papa Paulo VI. Fiquei estupefacta. Berrei no telefone:

– Mãe! Não é possível! O Papa!

Mamãe não entendia.

– Sei que o Papa morreu, querida. Estou falando do Fido.

– Mãe! Será que você não entende?

Resolvemos não ter mais cachorro. O Edu argumentou que papa durava muito, valia a pena arriscar. Não arriscamos.

Quando eu contava esta história, as pessoas me olhavam como se eu *fosse um bicho raro. A ninguém pareceu o fato impressionar muito. Aqueles que me ouviam, excitada, repetir esta narrativa que acabo de expor, limitavam-se a comentar:*

– Mas que coincidência!...

Nesta época, eu começava a duvidar que as coisas aconteciam por acaso.

6

Flávia conhecera Leandro debaixo d'água, durante uma aula de mergulho. No início, pensou que fosse a única aluna, até que ele surgiu imponente, nadando em sua direção. Não diria amor à primeira vista, talvez à primeira sentida. A visão não é o sentido mais aguçado quando se mergulha. Sente-se uma espécie de maestria, como se fôssemos donos de uma intuição surpreendente no fundo do mar. Como se um radar interno nos guiasse.

O fundo do mar é mágico, teria pensado Flávia.

Do resto da aula, ela não pôde se lembrar, embora o tentasse mais tarde. Parecia ter entrado numa espécie de transe, e a impressão era de que deslizava embaixo d'água.

A professora havia dito que ela tinha jeito para a coisa e se afastava quando apareceu o mergulhador intruso.

– Olá!

A água escorria por sobre a roupa impermeável. Seu rosto não estava à mostra, mas Flávia teve ímpetos de abraçá-lo.

Controlou-se.

Que estranha irradiação emana deste rapaz que eu nem conheço?

Leandro tirou a máscara e olhou firme para ela.

Flávia sorriu e ele continuou:

– Engraçado, no fundo do mar você parecia dançar.

Estas palavras ficaram dançando em sua mente por um tempo, sem que ela pudesse compreendê-las.

Seguiram juntos pela praia e Flávia teve a certeza de que estava vivendo um momento mágico, como se o mundo de repente tivesse parado.

Quando soube seu nome, achou que lembrava meandro ou escafandro... Experimentou aquela forte sensação de familiaridade e formulou a óbvia pergunta:

– Já não nos conhecemos de algum lugar?

Não, não se conheciam. Ou melhor, quase se conheceram. Ambos haviam estudado no Mackenzie, vinte anos antes. Em outras turmas, outras classes. Os nomes não eram familiares.

– Você é o primeiro Leandro que conheço. Eu não esqueceria um nome como o seu.

– Não me lembro de você no colégio.

– Eu era gorda e feia naquela época. Você não teria me notado.

– Eu queria muito ser campeão de esgrima, mas só consegui anos depois. Mas era muito popular e participei de todos os festivais de música. E você, o que fez da vida?

– Sou veterinária.

– Quer cuidar de mim?

Flávia não achou graça. Desde que se formara, já ouvira isso inúmeras vezes. Em vez de responder, convidou:

– Vamos dar um mergulho?

Leandro mergulhou em seus pensamentos: *Não, não se deixe levar por mais uma carinha bonita. Você* não pode *se apaixonar de novo!*

Foi inevitável.

Parecia que o amor que os ligava ou a afinidade que os unia ou a atração que os aproximava era algo cósmico, profundo, sobrenatural. Como se sempre tivessem se conhecido, sempre se amado.

Mas Leandro era casado e isto mudava tudo. Como mudar isto? Flávia tinha vontade de dizer: – *Nenhum laço te poderá prender se teu coração for livre* –, mas não tinha coragem.

7

Havia um ar de domingo pairando naquele romper de dia. Flávia respirou fundo e iniciou sua maratona de seis quilômetros de bicicleta às seis horas da manhã. Sentia-se bem, completa e feliz. Cantarolava: *There is a house in New Orleans, they call it rising sun*... O sol nascente era um espetáculo impossível de se descrever. O vento batendo no rosto fez com que fechasse os olhos. Pedalou um bom pedaço sem abri-los. O que era a visão objetiva comparada à visão interior? Não era verdade que o essencial os olhos não vêem? Pensou em como andara desenvolvendo o ato de ver com a mente. Pensou em Fátima, cega, que vendia sanduíches naturais na praia. Precisava especular mais sobre aquela história do quadro. Gostaria de escrever sobre ela. Era destes fatos intrigantes e insólitos que ela adorava.

Fechou outra vez os olhos e viu Leandro. Amor impossível? Sem dúvida, as circunstâncias não eram das mais favoráveis. Por que foram se encontrar somente agora, e não vinte anos antes, no tempo do colégio? A vida seria mesmo a arte do encontro?

Mas que bobagem – pensou – *amor é amor, não leva adjetivo. Amor impossível não existe. Qual a medida do impossível? O amor que sentia situava-se acima das condições, favoráveis ou não. Sentia-se plena e feliz só pelo fato de tê-lo encontrado.*

Com estes pensamentos chegou em casa, encostou a bicicleta, colocou um incenso para queimar no terraço, sentou-se num degrau com uma folha no colo e começou a escrever.

8

A idéia não foi sua. Quem a mencionou foi Richard Bach no livro *A Ponte para o Sempre*. O fato é que iria escrever uma carta para si mesma, na época em que tinha quinze anos.

Rascunhou de um só fôlego e depois releu:

Ilhabela, 6 de maio de 1990.

Querida Flávia,

Queria que você soubesse alguma coisa, no tempo em que eu era você. Então resolvi te escrever. Depois resolvo como despacho esta carta para 1968. Aqui está tudo bem, estou ótima, em forma para meus trinta e tantos anos. Você ainda tem quinze, mas acho que estou mais bonita. Fique tranquila, você vai ter uma bela vida pela frente. Entrou agora no Mackenzie? Posso te ver de saia azul-marinho e blusa branca lendo a carta no banco do recreio, ainda meio sem entender como esta carta chegou de um ano que ainda não houve.

Sei também que você está cheia de perguntas, e lê avidamente esperando por previsões. Não, 1984 não será 1984, mas em compensação... Deixa para lá. Posso te aconselhar? Não se preocupe tanto, não sofra sem necessidade. Canalize sua energia para outras coisas. Ouça a voz da intuição. Para que padecer tanto por causa de uma prova? Você vai passar em todas, e mesmo que não passasse... Adianta? Quer saber de amor? Você se sente um pouco feia, gorda e excessivamente tímida, mas morre de vontade de arranjar um namorado. Ainda este ano você vai se apaixonar por alguém do Científico, mas ele não vai te dar a mínima confiança. Mas tudo vale, menina, vá afiando suas armas. Algum dia você precisará delas. Vá cultivando o espírito e plantando seu jardim. Sim, você vai amar muito, muito... Como eu queria que você tivesse um pouco da vivência que tenho agora...

Quer saber da timidez? Você a vencerá, não totalmente, mas não fará a mínima diferença. Ah, sim, eu falo da profissão. Você escolherá a carreira que foi feita para você. Não, não será Medicina. Você será muitíssimo bem sucedida e não parará de repetir pela vida afora: – Não poderia ter escolhido coisa melhor. Aliás, querida, não foi você que esco-

lheu, mas foi esta profissão que escolheu você.

Sim, terá filhos. E os amará como nunca pensou ser capaz.

Dificuldades? Terá algumas. Mas não se desespere. Tudo dará certo. Evite dar passos errados. Não opere a vesícula, não opere a vesícula! Ah, mas você ouvirá os médicos...

Não posso te adiantar mais nada. Você precisa passar por tudo isto. Algumas coisas você não pode evitar. Você pode impedir que assassinem Robert Kennedy, daqui a alguns dias? Se puder, faça alguma coisa. Você estará esperando o ônibus, quando vierem te contar. E você ficará chocada. É preciso estar preparada.

Pois fique preparada. A vida te reserva outros choques, mas você saberá superá-los. Nada trágico. Pelo contrário. A RAZÃO PARA OS PROBLEMAS É VENCÊ-LOS. PORQUE ESTA É A VERDADEIRA NATUREZA DO HOMEM. IR ALÉM DOS LIMITES, PARA PROVAR SUA LIBERDADE. Anote estas frases, por favor, pois mais tarde quando se deparar com elas, saiba porque parecem tão familiares.

De modo geral, a vida te sorrirá. E você vai acreditar naquela sorte da balança que você tirará no ano que vem e que guardará por anos a fio dentro do seu diário de capa verde e que dirá: Seu espírito aventureiro guiará seu futuro. Terá amor e dinheiro. Você pesa 50 quilos. Prefira sempre estas balanças com a marca do proprietário.

Bom, devo deixá-la agora. Escreva para mim, procure me conhecer. Estou vivendo a melhor época da minha vida. Por quê? Finalmente encontrei a pessoa que me foi destinada desde o princípio dos tempos e estou vivendo uma paixão alucinante... O quê?! E agora ouvi você gritar e ainda bem que o sinal do recreio abafou seu grito. Ter de esperar mais de vinte anos para achar o amor da minha vida? Vinte anos, você está ficando louca? O que vou ficar fazendo este tempo todo?

Calma, menina, não fique com raiva. Vai valer a pena esperar. Sim, vai valer muito a pena! Esperaria mais cem ou duzentos anos se soubesse como seria. Mas, se você está assim tão curiosa... levante-se, vá até a porta do Centro Acadêmico e vê se você vê alguma coisa. O quê? Não está entendendo nada? Pois ele está aí, Flávia, a uns vinte metros de você, mas longe vinte anos. Não adianta falar com ele agora, ele não te reconhecerá. Apenas guarde dele a melhor imagem possível. Liberdade? Boa idéia. Lembre-se dele como um ser livre. O nome dele parecerá liberdade e você terá certeza.

Vamos, agora. A classe já subiu. Sei que você está tonta e vai querer reler a carta, mas... talvez ela desapareça quando for procurá-la. E você não saberá se sonhou ou se a carta existiu. Talvez até volte ao pátio na saída para ver se não caiu em algum lugar. Vai revirar seus cadernos centenas de vezes. Desculpe fazer a carta sumir, mas foi o máximo que consegui. Agora a coisa será esquecida, mas quando você for eu, se lembrará.

Olha, já que você está aí no pátio, corra até o Centro. Jogue-lhe um beijo e diga que eu o espero ansiosa, com todo o amor que vim guardando por este tempo afora. E diga-lhe também para não ficar triste, porque ele vai acabar campeão de esgrima. E de tudo o mais que ele fizer na vida.

Agora vá. Cuide-se.

Um beijo,

Flávia

Saía uma tênue fumaça espiralada do incenso e por instantes ela perdeu a noção do tempo. Voltou à realidade com o som do telefone tocando.

– Pensei que você não estivesse em casa. Pode dar um pulinho aqui?

Era Fátima, dos sanduíches naturais.

Guardou o rascunho da carta, pegou a bicicleta e seguiu pelo caminho do Riacho Grande.

Bem que uma voz interior a aconselhara a não guardar a bicicleta.

9

Era incrível. A casa de Fátima era rústica, de uma simplicidade e conforto inexprimíveis.

– Como não posso ver, tenho que sentir – dizia ela.

Era quase uma tapera, mas quente e aconchegante. Um fogão a lenha exalava um cheiro de infância. Uma atmosfera meio mágica impregnava o ambiente.

Fátima a esperava na porta.

– Pode deixar a bicicleta ali – foi logo dizendo. E não precisa pôr a corrente. A gente fica de olho.

Ah, ficar de olho! Que expressão mais imprópria! Pensou, mas não disse nada, e a seguir quase deixou escapar:

– Ei, mas como você sabe que eu vim de bicicleta? Ela não faz barulho.

Quis perguntar, mas achou estúpido. Deve fazer barulho sim, a gente é que não presta atenção.

Fátima era cega de nascença, mas agia como se enxergasse. Até encarava a pessoa quando conversava. Era pequena e magra, mais parecia uma menina.

– Chá de artemísia, você está precisando. Vou providenciar um.

– *Eu* estou precisando? Como você sabe?

Flávia esboçou um gesto de defesa. Depois perguntou:

– Estou tão mal assim?

Fátima sorriu.

– Você está ótima. Interessantes essas cartas que você anda escrevendo.

Flávia pensou na frase que nunca saía da sua cabeça enquanto conversava com a amiga: *Como ela sabe?*

Não resistiu e perguntou:

– Como você sabe que andei escrevendo?

Fátima apenas gesticulou como se dissesse: – Ora!... Era como se estivesse formulando o óbvio.

Ficaram um minuto em silêncio, enquanto Fátima preparava o chá. Flávia ainda quis saber:

– O que mais você sabe?

Agora a amiga assumiu um ar mais grave, como se enxergasse o infinito:

– Podemos saber todas as coisas. Dentro de nós existe a sabedoria infinita. É só olhar para dentro, mergulhar no Eu interior. Buscar a introjeção. Aí estão as repostas.

– Você anda lendo muito Krishnamurti.

Fátima continuou:

– O problema é que não sabemos que sabemos. Por isto buscamos as respostas fora, quando na verdade deveríamos olhar para dentro.

– Como você descobriu que andei escrevendo?

Olhou as mãos, à procura de uma pista que denunciasse. Talvez um pouco de tinta de caneta nas mãos... Depois, que absurdo! Às vezes esquecia que Fátima era cega.

Uma vez escrevera algo a respeito de se saber as coisas. Quando a gente sabe, a gente sabe. Mas não dava para imaginar como a amiga simplesmente adivinhava o que ela vinha fazendo. Ou escrevendo.

– É, Fátima, estas histórias de tempo sempre me fascinaram. Máquina do tempo... Voltar ao passado... Mandar uma carta para o futuro. Assim: *A quem interessar possa: Estou escrevendo dos anos de...*

– Você leu *Operação Cavalo de Tróia*?

Fátima olhou-a (?) nos olhos, aí ela compreendeu que os olhos não servem apenas para ver.

10

Voltou para casa tarde da noite, pedalando sob o céu estrelado. Ia falar sobre a beleza do firmamento, mas calou-se a tempo. Ora, beleza também se sente, também se respira. As horas haviam se escoado céleres, elas nem haviam se dado conta. Passaram a tarde inteira numa conversa do outro mundo. Do outro mundo era a expressão certa. Para Fátima, o impossível não existia, e ela teria dito: – Só se vê bem com o coração...

A certa altura, Flávia não resistiu e tocou na história do quadro. A amiga fez um certo suspense e falou vagamente. Quando chegou em casa, Flávia fêz um retrospecto e escreveu:

Tentarei ser o mais objetiva possível. A história, tal qual me foi contada, resume-se no seguinte: Fátima, dos sanduíches naturais, tem, segundo ela, fortes razões para supor que, em determinado endereço, em algum canto da França, existe uma escola, e nesta escola existe um quadro, pintado por um certo Marcel Nicholas. Na trama deste quadro está oculta uma mensagem. Esta mensagem nunca foi lida nem decifrada. Mas é importante e deve ser conhecida.

– Ora, ora – teriam dito os incrédulos.

Flávia, se não acreditava, teria pensado: *Aqui tem coisa.*

11

Amanheceu uma segunda-feira radiosa e ela estava escrevendo *Cinomose, Leptospirose, Parainfluenza...*, quando entrou Aníbal, seu assistente.

– Adivinhe o que temos hoje.

Flávia levantou os olhos.

Em seguida, exclamou:

– Uma tartaruga!

A Clínica de Cães e Gatos recebia às vezes clientes não tão caninos nem tão felinos. Uma vez apareceu um cabrito. Muitas aves. Uma jaguatirica. Certo dia parou um caminhão com um cavalo. Não chegou a descer, felizmente. Foi encaminhado. O empregado brincou:

– Não cabe na sala de espera.

Naquele dia a clínica recendia a creolina. Flávia lembrou como Leandro não suportava o cheiro da sala de consulta.

– Como você pode viver aqui – teria perguntado, numa das poucas vezes que passara por lá.

Flávia argumentou que o ser humano se acostuma a tudo, não estava sentindo nada.

– Impossível ficar aqui nesta atmosfera de hospital. Vou respirar um pouco – teria ele respondido.

Flávia lembrou que uma vez conversara com uma mal-humorada empregada de uma floricultura.

– Você deve se sentir feliz, trabalhando nesta atmosfera mágica.

– Que atmosfera mágica? – perguntou, como se não entendesse do que ela estava falando.

– Sinto um bem-estar de oásis ao entrar aqui, com este ar fresquinho e todas estas flores lindas.

Ela parecia ter sido chamada a uma realidade em que nunca prestara atenção.

– Ar fresquinho? Nunca reparei...

Fora o cheiro de remédio, a clínica era uma beleza. Espaçosa e muito bem decorada, para bicho nenhum botar defeito. Digamos, um pouco fora dos padrões ditos *normais* para uma clínica veterinária, mas Flávia não era definitivamente o tipo de pessoa que seguia normas convencionais. Dona de uma forte personalidade, dizia sempre o que achava. Fora-se o tempo em que procurava manter as aparências ou seguir modismos, ou se preocupar com a opinião alheia. E pensava: *Se tiverem que gostar de mim, que me respeitem como eu sou. Não vou ser diferente só para alegrar gregos e troianos. Se tiverem que me achar excêntrica, que achem.*

E assim conseguiu, a custa de muito esforço e trabalho, ser proprietária de uma das mais bonitas e – diferentes – clínicas veterinárias do Estado de São Paulo. Sua sala de estudos tinha, entre outras coisas, uma tapeçaria egípcia, inúmeras plantas, um tatame para relaxamento (dela, é óbvio), uma lareira verdadeira, uma imensa janela que dava para um jardim com pinheiros que ela havia plantado. Aí, os animaizinhos só entravam em seu pensamento. Mais adiante havia uma sala de reunião, a sala de espera, duas salas de consultas, uma de cirurgia, demais dependências de serviço. Lá fora, depois do jardim, um canil e um *gatil*, como ela o chamara. Certa vez, segundo seu filho, o lugar virou um *macaquil.*

Flávia também adorava crianças. Por ela, teria tido uma dúzia de filhos, se seu casamento não tivesse terminado seu ciclo e as condições fossem outras. Se não morasse em apartamento – triste opção – e se não levasse uma vida tão agitada.

– Vai fazendo a ficha, Aníbal, já estou indo.

Ainda escreveu *Parvovirose, Hepatite, Panleocopenia, Raiva.*

Levantou-se, lavou as mãos e foi ver a tartaruga. Neste instante, a última coisa que ela tinha era *raiva.*

Adorava o que fazia. Trabalhava como quem ama cada minuto dispendido. Como um sacerdócio, uma missão de vida.

12

Outra coisa que ela adorava fazer era ensinar. E como não podia deixar de atender ao grito interno, Flávia lecionava Zootecnia na Faculdade de Veterinária da USP. Seus alunos adoravam suas aulas *sui generis*, assim como sua pessoa em particular, e sentiam-se à vontade para fazer perguntas, algumas vezes desconcertantes:

– Professora, os animais têm alma? E existe vida para eles depois da morte?

– Quando um animal sofre, *o que* é que sofre?

– É correto o fato de o homem se alimentar de animais?

– Você usaria um casaco de vison ou pele de raposa?

– É verdade que cavalo só enxerga em preto-e-branco?

– Certos animais tem percepção extra-sensorial?

– Como os ratos sabem que o navio vai afundar?

– Devemos utilizar animais em pesquisas

de laboratório?

Eram perguntas e mais perguntas, e por muitas vezes Flávia sentia-se perder na realidade das coisas. Mas não podia evitar de filosofar e expor seus pontos de vista. Confiavam nela, ela sabia a responsabilidade que isto acarretava. Começava sempre dizendo que aquele era um ponto de vista seu, e que não necessariamente todos tinham de concordar.

Numa tarde, escreveu a frase de Bernard Shaw, em reposta à pergunta da japonesinha da primeira fila, sobre alimentação carnívora:

Enquanto a humanidade não aprender a respeitar seus irmãos menores, os animais, e parar de fazer de seus corpos (humanos) túmulos vivos de animais assassinados, não haverá paz sobre a Terra.

Sentou-se e esperou as reações. Alguns alunos copiaram a frase.

Flávia aguardou. As perguntas não tardaram a pipocar:

– Você não come carne, professora? Nem frango? O que você come? Não fica anêmica? Não precisa de proteínas? Só come salada?

Foi aí que Flávia deixou de lado o planejamento da aula daquele dia e deu uma bela explicação sobre alimentação natural.

13

Flávia, parodiando Sérgio Antunes que escrevera: *No ano que vem...* , adaptou:

No ano passado
Eu fui ao dentista
Virei naturalista
E me sinto tão bem
Como convém.

Na verdade, o responsável pela drástica mudança em sua vida alimentar fora André, que ela conhecera em circunstâncias um tanto insólitas.

A respeito de seu primeiro encontro, ela havia anotado:

Bati o olho nele e a primeira associação que fiz foi com um urso de pelúcia que tinha quando pequena, que se chamava André. Por causa disto, até hoje o nome André me faz lembrar aquela cor marrom-amarelada de bichos de pelúcia. Mas eu juro que até então não sabia seu nome.

Ele me encarou e se abriu num sorriso largo.

– Confiado – pensei. Cai de charme, tem sardas e um cabelo castanho-avermelhado fartíssimo, daqueles que dão ímpetos de passar os dedos por eles ou agarrá-los pela nuca. Que cara de André.

Retribuí o sorriso.

Estendeu-me a mão, firme, como se fosse óbvio que tivéssemos que conversar.

– Muito prazer. Meu nome é André.

Estaquei. Devo ter ficado pálida, atônita, pois ouvi-o perguntar:

– Aconteceu alguma coisa?

Levei alguns segundos para responder:

– Ahn, não... apenas uma impressão de déjà vu. *Muito prazer. Flávia.*

Ele riu, mostrando belos dentes brancos.

– Tínhamos uma cachorra pequinês chamada Flávia. Morreu.

Perguntei a causa mortis.

– Comeu muito açúcar branco – disse rindo e olhando para o açucareiro à minha frente. Depois ficou sério e falou:

– Não sei como você tem coragem de comer isto.

E sem que eu pedisse, fez a maior preleção

sobre alimentação natural que eu já ouvira na vida.

Fiquei impressionada. Tanto com ele quanto com a preleção. E terminou, um tanto dramático:

– Se você seleciona o que deixa entrar em sua casa, deve selecionar muito mais o que deixa entrar em seu corpo.

(Eu não sabia que esta frase era de um livro, e fiquei aturdida).

Concluiu:

– Eu jamais comeria isto.

E foi se afastando, sem ao menos se despedir.

– Ei! – tive vontade de gritar – Volte já! Vamos terminar o papo em casa, estou te selecionando, não é qualquer um que convido!

Mas ele já estava longe. Aquela noite, e mais a seguinte, e mais outra, sonharia com ele, meio ursinho, meio gente, comendo cenoura, comendo gente, e não pude deixar de comprar e devorar Sugar Blues *e digeri-lo rapidamente.*

Assim, André entrou em minha vida e o açúcar saiu.

14

Junto com a correspondência daquela dia apareceu uma folha de papel almaço dobrada em dois, toda escrita a tinta com uma letra miúda.

Flávia abriu e leu:

São Paulo, 7 de junho de 1968.

Querida Flávia,

Minha Querida,

Descobri uma intensa afinidade com você. Afinal, não poderia ser diferente: somos a mesma. Recebi sua carta e não via a hora de te responder. Você tinha razão, a carta sumiu, evaporou-se como se fosse feita de éter. Mas você se esqueceu de que tenho ótima memória? Será que você ainda a conserva? Você está realmente bonita com essa idade? Olha, esta história desse amor desenfreado por esse tal cara está meio difícil de engolir. Se for quem eu estou pensando, não temos a mínima chance. Imagine se ele vai olhar para nós. Não estará você delirando? Não será crise de meia-idade? Desculpe, não quis ofendê-la, mas é que você tem mais que o dobro da minha idade. Outro dia me plantei na porta do Centro e esperei. Ele passou por mim como se eu fosse transparente ou um pedaço de parede ou coisa assim. Falava com um, falava com outro, com aquele ar de quem entende das coisas e não deu a mínima oportunidade de eu dizer que o esperava daqui a vinte anos, nem de jogar o beijo que você pediu. Mas, de repente, senti uma ternura tão profunda... Acho que é sugestão. Agora que você me meteu nesta, o que é que eu faço? Devo esquecê-lo? É melhor, não vou ficar esse tempo todo esperando esse cara. Vai ser muito frustrante. Além do mais, estou te achando meio pretensiosa.

Conte-me mais da sua (nossa) vida. Você ainda se lembra das músicas dos Beatles? Choramos tanto quando o George Harrison se casou... E Sugar, sugar, *ainda ouve? O que, não come mais açúcar? Eu vou ter que entrar nesta? Olha aí o que você apronta, querida, não sei se vou aceitar isto. Vê lá o que você faz da vida. Acreditar em reencarnação? Você endoideceu? Ah, não, você só pode estar brin-*

cando! Mas não devo dizer nunca que desta água não beberei. Vou tentar ter a mente aberta e ventilar as idéias. Mas vamos com calma. Reencarnação, não.

Bem, Flávia, mandar esta carta para 1990 vai ser fogo. Para você é mais fácil, você já sabe o que aconteceu comigo. E onde eu moro e estudo. E o que faz você em Ilhabela? De qualquer forma, darei um jeito dessa carta chegar, nem que tenha de consultar o professor Pardal. Nestas alturas vale tudo.

Vê se me escreve de novo. Deste ano mesmo de 1990, senão acabo me confundindo. Ah, o tempo é um artifício da natureza para evitar que tudo aconteça simultaneamente...

A propósito, ontem o Osvaldo, de Filosofia, mandou escrever sobre "O Homem é a medida de todas as coisas". Você se lembra? Foi a maior nota da classe.

Ah, o tal cara acabou de passar (estou escrevendo no recreio). Você tem bom gosto. Até demais. Ele me parece excessivamente forte. Líder. Carismático. Culto. Inteligente. Tem um porte imponente. Elegante. Até principesco. Agora quem está delirando sou eu. A Ana, da minha classe, acabou de dizer que não existe homem perfeito. Que homem perfeito é uma ficção romântica. E agora? Esse aqui não tem defeitos? Ah, tem, mas você vai amá-lo assim mesmo? Sabe, Flávia, não tenha ciúmes de mim, sou você mesma, mas tive vontade de me lançar ao pescoço dele e abraçá-lo. O que, você também? É, confesso que é meio difícil de resistir...

Mas vou tentar esquecê-lo, pelo menos por enquanto. Entendo que temos etapas a cumprir, separados.

Obrigada por ter escrito e cuide-se bem. Cuide-se mesmo. Vê o que faz da minha vida. Confio em você.

Um beijo bem grande.

Flávia

Em tempo: O que você queria que eu fizesse? Bob Kennedy morreu ontem.

15

"Confia em teus sonhos, porque neles está oculto o portal para a eternidade."

Khalil Gibran

Flávia anotou a frase e releu: *"Confia em teus sonhos..."* Há muito que ela prometera a si mesma que anotaria todos os sonhos, mas como não podia deixar de ser, a impressão de que as outras coisas eram mais importantes fazia com que terminasse o dia sem que os tivesse anotado. E ela acabava por esquecê-los.

Mas, naquele dia, havia sonhado com um camelo, e o sonho fora impressionante. O animal caíra e machucara-se muito. Que significado oculto teria este sonho? Que simbolismo poderia trazer a figura de um camelo? Por que um *camelo*?

Lembrou-se de Lucas, capítulo dezoito, versículo vinte e cinco: *"É mais fácil passar um camelo pelo buraco de uma agulha, que um rico entrar no reino dos céus."* Quando pequena, indagava: – Por que um *camelo*?

Recebera todo tipo de resposta: – Ora, é um animal grande, não passa por um buraco de agulha! (Ela, que já achava tão difícil fazer passar a linha...). Sim, sim, mas por que *camelo*? Poderia ser um elefante, ou um gato, ou uma girafa, ou um passarinho. Até uma pessoa. Por que *camelo*?

Algumas vezes, recebia respostas mais satisfatórias, do tipo: houve um erro de tradução. Não era para ser *camelo*, era para ser uma palavra parecida que significava *corda grossa* que, obviamente, dificilmente passaria por um buraco de agulha. Ou ainda, o referido vocábulo ou o equivalente na língua original, além do animal, também significava *corda trançada para amarrar embarcações*, o que justificava a comparação.

– Ah...

Muitos anos depois, foi seu amigo Roberto Caiuby que esclareceu:

– O *camelo* era camelo mesmo. A *agulha* é que não era agulha.

– Como assim?

– Naquele tempo, as cidades tinham portas. Ou portais, como quiser. À noite, por medida de segurança, elas eram fechadas. Se alguém quisesse entrar em Jerusalém, por exemplo, depois de uma certa hora, tinha de fazê-lo por meio de estreitas passagens denominadas *agulhas*. O acesso era relativamente fácil se a pessoa entrasse a pé, porém a entrada com um camelo era quase impossível. Entendeu agora?

Flávia respondeu que sim, mas ele ainda comentou algo a respeito do camelo ter que se ajoelhar para poder passar, o que significa uma postura humilde, que não teriam, no caso, os ricos, e que aí, rico não significava necessariamente aquele que tivesse muito dinheiro, mas aí seu pensamento já tinha voado longe, enquanto ela olhava embevecida para o amigo, que tocava violão e sabia o *Cântico dos Cânticos* de cor.

Flávia foi sempre uma incansável perguntadora. Quando pequena, achava que os *grandes* tinham todas as respostas. Quanta decepção... E se questionava agora, se as crianças de hoje também esperavam que os adultos tivessem o domínio da vida. Quantas e quantas vezes confessara, desconsolada, para sua filha de nove anos:

– Nós também não sabemos, querida...

"Confia em teus sonhos..."

Tinha mesmo que comprar um presente e entrou numa livraria. Aliás, amava livrarias.

Não conseguia passar diante de uma sem entrar. Quando dava pela coisa, estava lá dentro, olhando os lançamentos. Um rato de livraria, verdadeiro vício.

– Estava andando calmamente pela rua quando um livro me chamou... – brincava.

Naquela manhã, folheou um dicionário de símbolos oníricos e parou no verbete "camelo". E lá estava: *sonhar com um camelo: dificuldades a serem enfrentadas. Sonhar com dois camelos: fortuna. Sonhar que está cavalgando um camelo: sorte na vida.* Refletiu: seu camelo era um só, não havia ninguém nele e estava machucado. Achou uma estupidez. Por que um camelo é ruim, dois camelos é bom? Não há lógica nisto. Duvidou da seriedade do livro. Dificuldades a serem enfrentadas. Quem não as tem? Quando parou para almoçar, escreveu no guardanapo de papel: *A vida não é um jogo de azar. Sorte sua.* Estava plenamente convencida de que somos totalmente responsáveis por nosso destino.

Mas, naquele dia, curiosamente, um interessante sincronismo haveria de se manifestar. Embora não tivesse comentado com ninguém o seu sonho, várias pessoas durante a tarde mencionaram o referido animal. O zelador de seu prédio perguntou se havia *camelo* no jogo do bicho. O ajudante da Clínica, que estava lavando o quintal, gracejou:

– Só falta aparecer um camelo aqui hoje.

Viu num muro o nome de um candidato a vereador chamado Camelo. Aquilo era demais.

Não é coincidência, escrevera Jung. É sincronismo. Existe uma relação de causa e efeito que não percebemos e...

Flávia anotou o fato no seu caderno de coincidências.

"Confia em teus sonhos porque neles está oculto o portal para a eternidade."

Portal. Passar pela porta. Passar pelo buraco da agulha.

Passar...

"Confia em teus sonhos..."

Seria este sonho digno de confiança?

16

Como o primeiro cliente da tarde ainda não chegara, Flávia abriu seu caderno de anotações e pensou em rascunhar uma carta em resposta à Flavinha de quinze anos. Escreveu algumas linhas, rabiscou, arrancou uma folha, desistiu. Não conseguia entrar em sintonia com ela...

Terei envelhecido? – ainda pensou. – *Não encontro mais a menina em mim...*

Resolveu tentar outro dia, e, em vez da carta, escreveu o que tinha acabado de acontecer.

Vinha vindo pela rua, de roupa branca, e um mendigo me interpelou, pedindo um trocado. Não tinha cara de mendigo crônico, mas de mendigo circunstancial. Pelo seu desembaraço, havia bebido um pouco e parecia óbvio que enfrentava dificuldades.

– Doutora – foi dizendo sem inibição – vê aí uns trocadinhos, pois na padaria me recusaram até um pão...

Estava morrendo de pressa, disse que não

tinha, fui andando.

Quando voltei depois do almoço, ele estava dormindo na calçada e alguns porteiros das imediações caçoavam dele.

Já estava meio triste, sentindo falta de Leandro, que não ligava, e não consegui voltar à Clínica sem fazer alguma coisa. Pensei no tanto de comida que ficara na mesa na hora do almoço. Nos cães e gatos alimentados na hora certa. No dinheiro que, estando ou não na minha carteira, não faria grande diferença. Em como as coisas são mal divididas no mundo. A comida sobra aqui, falta ali. Tive vontade de passar em casa, pegar alguma coisa e lhe dar para comer. Desisti ao pensar que ele não deveria estar acostumado com pão integral. Então, entrei na padaria e mandei fazer um sanduíche. Ainda bem que ninguém me viu. Que não saiba a mão direita o que faz a esquerda.

17

Na sala de espera havia um pôster com uma bela gravura e os dizeres de *Ser Veterinário*. Entre inúmeras coisas – úteis e inúteis – que Flávia sabia de cor, esta era uma que sempre repassava mentalmente:

"Pensando bem...

Ser Veterinário não é só cuidar de animais.

É sobretudo amá-los, não ficando somente nos padrões éticos de uma ciência médica.

Ser Veterinário é acreditar na imortalidade da natureza.

É querer preservá-la sempre mais bela".

Chovia a cântaros e até parecia que a Terra chorava, quando a secretária passou uma ligação. Era Leandro.

– Sou seu bicho predileto – foi logo dizendo, mas depois ficou sério. – Vou embora – continuou. – Estou indo embora.

– Para onde? Foi tudo que conseguiu

dizer.

– Também não sei.

Do resto da conversa, ela não pôde se lembrar, ainda que se esforçasse. Tinha umas consultas atrasadas e uns latidos impacientes lá fora. Um bichinho qualquer na mesa de cirurgia. Algum menino aflito perguntando se a injeção ia doer. Olhou a chuva. Que importava o mundo? Quando um animal sofre, *o que é* que sofre?

"Ser Veterinário é acreditar na imortalidade da natureza..."

Ir embora? Sensação de engasgo ou vazio, de dor ou de nada?

– Você dá a vacina, Aníbal?

Olhos congestionados, força para não chorar. O menino também segurava o choro. O animal gania.

– A senhora também está com pena dele?

O menino perguntou e Flávia disse que sim, sorriu um pouco para não chorar. Teve vontade de dizer:

– Não dá para explicar, garoto, a vida é complicada. É que meu bicho predileto foi embora, não pode ficar comigo, é casado, tem dois filhos, família, já tem dono. Conhecemonos na hora errada, tarde demais. Era meu colega na escola, mas nunca nos vimos, nunca falamos, só um dia, muitos anos depois embaixo d'água, e ele era casado, sabe? Casado, e agora ele não agüentou mais e foi embora, embora... E não adianta colocar faixa na rua, dizendo PERDEU-SE. DE ESTIMAÇÃO. GRATIFICA-SE. PESSOA DOENTE... Não a-dianta, menino... Olha, pronto, seu cachorro já pode ir.

Agora a cirurgia. O quê mesmo? Ah, a gata daquela senhora na sala de espera. A que está rezando.

– Avisa que é simples. Uma hora, no máximo.

"Ser Veterinário é não se importar se os animais pensam, mas sim se sofrem.

É dedicar parte do seu ser à arte de salvar suas vidas.

É aproximar-se de instintos.

É perder medos."

– Aníbal, liga pro Valter. Vê se ele me substitui no plantão de hoje à noite. Não estou muito boa.

Flávia inspirou três vezes, vibrou Amor, esqueceu o mundo e operou a gata.

"É dedicar parte do seu ser à arte de salvar suas vidas."

– Está dormindo, minha senhora. Não sofreu nada. Pode ir para casa, cuidaremos bem dela. Só vai acordar amanhã de manhã.

Flávia encerrou o expediente com a chegada do colega e foi andar a pé, debaixo da chuva.

– Casado, casado. Que palavra feia, soa como uma doença. Ele é casado. Pronto. Proibido. Não tem jeito. Restrito. Enjaulado. Engaiolado. Acorrentado. Preso.

Depois pensou:

– Que egoísta eu sou, meu Deus!

Ainda mais que a mulher de Leandro era um amor, não tinha culpa de nada. Quem era culpado? Quem poderia ser responsabilizado por tudo isso que eles sentiam, reencontro dos reencontros, combinado e marcado desde outras vidas? Por que este sofrimento? O que saíra errado? O quê?

"Ser Veterinário é ter ódio de gaiolas, jaulas e correntes..."

Foi andar, chapinhando o sapato branco na lama.

"É perder um tempo enorme apreciando rebanhos e vôos de gaivotas.

É permanecer descobrindo, através dos

animais, a si mesmo."

Ah, bicho predileto... Camelo machucado. Dificuldades à vista.

18

Flávia acordou meio sonada e anotou em seu caderno: *"A água é salgada para quem tem o hábito de beber água doce. Conhecemos as coisas pelos seus contrários"* (Rûmi, *O Livro de Dentro)*.

Releu e pensou:

– É tudo relativo.

A seguir acrescentou:

As verdadeiras tragédias do mundo não são os conflitos entre o que está certo e o que está errado, mas entre duas coisas certas.

Fechou o caderno e foi à janela inspirar profundamente o ar da manhã. Leandro não resistira à dualidade da situação e fora embora, e ali estava ela, sozinha, sem forças para lutar. Lutar, ela até lutaria, por uma boa causa, uma ótima causa, covarde ela não era. Mas também não achava justo interferir na decisão dele, e deixá-lo ainda mais infeliz e dividido. A saída era a renúncia? Teria mesmo ela que renunciar, só porque chegara depois? Mas havia Lia, mulher de Leandro, que não merecia isso.

Mas Flávia merecia?

De repente começou a chover, uma chuva caída do nada. Ela estava desanimada.

Abriu o armário para pegar uma capa e deparou-se com um decalque colado na porta: *Vai, e não temas os espinhos do caminho. À tua frente está a perfeição.*

Saiu sem mesmo ter tomado café. Andar na chuva era tudo o que precisava fazer.

19

As coisas não mudam: nós mudamos.

Flávia ficou olhando as palavras dançando no papel. Passou um longo tempo antes que escrevesse mais alguma coisa. Caía a tarde e de lá de baixo vinha um som lúgubre de latidos de cães. Colocou uma fita no gravador e rabiscou:

Estou sozinha. Ouço "Un Parfum du fin du monde". Sensação de perda. Como diz minha analista, devo elaborar a perda. Idiota. Elaborar porque não foi ela. Sinto um frio na alma, uma vontade de ser barco e partir... Preciso mudar, mudar, transformar...

Aí então ela pegou uma outra folha e colocou em cima o título *Mudanças ou Perdas e Danos*, e em menos de cinco minutos releu o que havia escrito:

Neste instante eu gostaria
De entregar os pontos
De escrever uns contos
Mas mudar de estilo
(E perderia um quilo).

Não me olhar no espelho
Nem vestir preto.
Escrever memórias
E contar histórias
Mas mudar de assunto
(E perderia o rumo).

E perseguiria
Aquele mesmo instante intenso
O mesmo cheiro de incenso
Sem precisar esperar tanto
(E perderia a esperança).

Neste ponto eu precisaria
Corrigir uns erros
Refazer uns planos
Remoçar uns anos
E mudar minha vida
(E perderia os sonhos).

Deixar de sofrer
Deixar de esperar
E me refazer
Sem olhar pra trás
E mudar de amor
(E perderia o encanto.
Perderia tanto...).

Suspirou. Se ela era uma boa alquimista, poderia transformar a dor. E ela haveria de conseguir.

Um bem-te-vi cantou na janela e Flávia virou-se para olhar. Não o viu. Ele repetiu:

– Vi! – Ela levantou-se, procurou-o na árvore em frente: – Vi! – Ele tornou, e ela não viu.

20

Passaram-se semanas vazias.

Flávia estava em sua sala quando entrou Mariah. Com seu jeitinho meigo e sorridente, foi logo dizendo:

– Mais um nome repetido.

– Outro *Lobo*? – perguntou Flávia.

– Não. Mais um gato *Jimi Hendrix*.

A veterinária sorriu.

– Então é o terceiro. E é justamente sobre isto que eu ando escrevendo.

– Sobre Jimi Hendrix? – espantou-se Mariah.

– Não, voltou Flávia. Sobre coincidências. Aliás, elas não existem.

– Ah...

Este "ah" tinha como objetivo não contrariar o que parecia um contra-senso.

Que engraçada ela é – pensou. *Fala sobre coincidências e depois diz que elas não existem. (Quando uma coisa não existe, podemos falar sobre ela?).*

Mas o assunto ainda não acabara:

– Quantos *Lobos* já tivemos mesmo? Uns

cinqüenta, pelo menos? Mais? Ah, bem mais...

Mariah não se deu ao trabalho de retrucar pois sabia que Flávia costumava responder às próprias perguntas. Às vezes até falava sozinha. Ouviu-a ainda dizer:

– Esta gente tem muita falta de imaginação. Tanto nome, e chamar o cachorro de *Lobo*. *Rex* já apareceu às dúzias. Gato *Félix*, pelo menos uns dez, acho que por causa do personagem. (Não era do tempo de Mariah, e ela não entendeu). Cachorrinha *Jóia*, umas vinte. Gente sem idéia.

Mas aí ela hesitou um pouco, como se algo lhe ocorresse:

– Existem alguns nomes tão interessantes quanto seus donos. Quer ver?

Flávia vasculhou sua agenda, que a esta altura do ano estava tão atulhada de papéis que não fechava mais, e tirou uma folha de sulfite dobrada em dois.

– Escrevi ontem a noite, quer ler? E' sobre aquele *setter* que surgiu do nada sem marcar hora, lembra? Com um dono meio estrangeiro...

Mariah não se lembrava. Era tanto cachorro que ainda se atrapalhava um pouco com aquele movimento. Também, há apenas dois meses viera do interior, com seu metro e meio de altura, sua carinha de anjo e sua coragem, e arranjara, *por mero acaso*, um lugar de estagiária naquela insólita clínica de cães e gatos. Apesar do pouco tempo, sentia-se em casa e já havia tido longas conversas com Flávia, com quem sentia grande afinidade. Desdobrou a folha e leu:

São onze horas da noite e Todavia *não me sai da cabeça (ou o dono de* Todavia*?). Um diagnóstico difícil. O cachorro parecia triste (ou o dono?) e melancólico. Nada de errado no exame geral, porém parece evidente que algo não vai bem. O animalzinho me olhava nos olhos (também o dono?) à espera de uma solução. Que belo nome, inspirado, sem dúvida. Pensei em perguntar, todavia...*

– Por que seu cachorro tem o nome de Todavia*?*

Posso adivinhar seu sorriso, seu moço, só que você não sorriu. Falou pouco. Algum mistério. Porque não me sai da cabeça? Deve voltar para a vacina. Vou perguntar a razão do nome."

Entregou o papel, meio sem saber o que dizer. Hesitou.

De repente, ficou séria:

– Mariah, você viu que escrevi isso ontem, certo? Você é prova que já estava escrito quando entrou aqui.

– Certo.

Mariah não sabia o que esperar.

– Você é testemunha – continuou Flávia, com um estranho brilho no olhar. – Pega a ficha do *Todavia* e olha o nome do dono.

A moça foi até o fichário e voltou:

– A ficha não está lá.

– Como não está lá?

– Não está.

– Como? Foi atendido ontem. Mande procurar.

Flávia parecia agitada enquanto esperava. O sol desaparecia e esfriava a tarde. A busca foi infrutífera. A ficha havia sumido.

– Vocês estão brincando. Nunca sumiu uma ficha.

– Não está em lugar nenhum. Mas... afinal, como se chama o dono do cachorro?

– Jimi.

Mariah caiu na gargalhada.

– Outro *gato*. Então são quatro.

Flávia não conseguiu rir.

21

Os conformistas de tantos séculos

Dia quente, sol cruzando o signo de Escorpião. Meses haviam passado sem que o *setter*, seu dono ou a ficha tivessem dado sinal de vida.

O máximo que Flávia fez foi anotar o fato em seu caderno e em sua memória e deixar o ponto de interrogação pairar no espaço à espera de uma oportunidade de resposta. Poderia ser um desses fatos que ficam pendentes, às vezes para sempre, como peças esparsas de um quebra-cabeças que não existe mais (ou que ainda viria a existir?).

Lá fora o dia arrastava-se lento, o calor à beira do insuportável.

Flávia tentava ler durante um intervalo de consulta. Os cães ladravam sem parar e ela resolveu ligar o gravador para mascarar um pouco o barulho. Nona Sinfonia de Beethoven. Aumentou o volume. O som parecia sair pela janela.

Esta música é linda e anima quem está desanimado. Acalma quem está irritado. Dá forças para quem pensa que as perdeu. Parece a canção do triunfo, pensava Flávia. E aí notou que – só podia ser –, por efeito da música que vibrava em altos brados janela afora, os cães pararam subitamente de latir.

Flávia animou-se. Os acordes enchiam o ambiente.

Não se pode ficar indiferente ou deprimida com esta música! – ainda pensou.

Fechou os olhos e respirou a sinfonia. E uma frase veio-lhe à mente:

A compreensão vem do autoconhecimento, do constante aprender sobre nós mesmos.

O que mais poderia aprender sobre si mesma?

No fundo sabia que a resposta era *tudo, tudo,* e se um dia viesse a aprendê-lo, conheceria o *Todo.*

Suspirou.

Há algum tempo decidira meditar todo dia, para entrar em contacto consigo mesma. Isto lhe dava mais forças. Queria se sentir livre, simplesmente deixar a vida fluir, sem sofrimento, sem se importar com a solidão. O vazio depois da partida de Leandro era, no início, insuportável. Agora ela parecia querer transmutar a dor. Mas também não queria se tornar uma pessoa indiferente.

E ali, agora, ouvindo aquela sinfonia, a beleza era a essência de tudo.

Sabia que a beleza não residia nas coisas conhecidas, ou nas coisas pensadas. A beleza é inacessível ao mero olhar e o conhecido jamais contém a verdade. Por isso meditava, pois a meditação, como dizia Krishnamurti, *é o findar das experiências, é o penetrar no mundo da verdade. É o acender da chama que destrói todas as coisas não essenciais (e como somos supérfluos!) sem deixar vestígios. Nós somos estes vestígios, os conformistas de tantos séculos, a eterna repetição de intermináveis memórias, da escolha e do desespero...*

O que ninguém entende – pensou Flávia – *é que o pensamento e o sentimento negam o amor. Na meditação, não existe nem pensamento nem sentimento. O amor nasce do vazio.*

Gostou da frase e repetiu-a mentalmente:

O amor nasce do vazio.

O *KS* já bipava há algum tempo quando Flávia percebeu a luz acesa. Desligou o gravador e foi chamada à realidade pela consulta seguinte que já estava atrasada.

– Já estou descendo.

Respirou fundo, sentindo-se bem.

Cerca de quarenta minutos haviam decorrido e ela estava no meio de uma sutura, totalmente alheia ao mundo lá fora, quando percebeu ao longe os acordes da *Nona Sinfonia* que ouvira há pouco. No início, pensou que fosse imaginação, ou a própria repetição reverberando em sua cabeça. Mas, aos poucos, o som foi ficando mais nítido, mais nítido... seria possível? Levou algum tempo para se convencer... de que a música realmente tocava. Parou um instante com a agulha na mão, um bichinho indefeso à sua frente. Não, não era a sua fita que tocava. Ela a tinha guardado antes de sair da sua sala, e esta vinha de fora da clínica. Por certo, alguém na vizinhança a ouvira e estava respondendo. Flávia tomou o acontecido como uma mensagem, um ato de amor, alguém dizendo:

– Olha, você me fez bem, sinta-se feliz agora.

E ela se sentiu, agradecendo à vida aquele momento e à pessoa desconhecida, tão sensível, que soube conversar com música.

Mais tarde, Mariah entraria em sua sala timidamente e perguntaria:

– Flávia, aconteceu alguma coisa com

você hoje à tarde na sala de cirurgia?

– Por quê?

– Desculpe, mas num determinado momento você ficou estranha.

– Como assim?

– Não sei, de repente você parou, pensei que havia algo errado com a agulha, até pensei em providenciar outra, mas depois olhei novamente, você continuou o trabalho e...

– E...?

Mariah hesitou antes de completar:

– E você estava brilhando.

22

Decididamente, doutora analista, não dá. É muito difícil escrever um livro, olha só no que fui me meter. Agora não tenho escapatória, já contei pra meio mundo, ficam todos me cobrando :

– Para quando, o livro?

– Já escreveu o livro?

– É sobre animais?

– Eu vou entrar nele?

E eu fico respondendo:

– Estou escrevendo, estou escrevendo, não tenho muito tempo, sabe como é. Gostaria que fosse um livro sobre realismo fantástico, ou um romance esotérico. Ou a história de uma moça comum. Ou um tratado sobre coincidências. Ou sobre reencarnação. Ou, quem sabe, sobre tudo isto.

– Então, o livro sai ou não?

– Na medida do possível, tenho respondido.

Às vezes julgo impossível, doutora. Em primeiro lugar, como começo o livro? Contando a história de uma moça que resolveu escrever a própria história? Como se eu mesma, Flávia Cardoso de Almeida, veterinária e vacinada, quisesse escrever um livro e este fosse o relato de alguém que quisesse escrever um livro?

Aí, como diz o Guca, ficaria um "livre" e não um livro...

Mas o pior mesmo é concatenar as coisas. E também tem o seguinte: gostar de escrever não significa necessariamente ter dom para tal. Além do que, tenho mania de perfeição. Você acha que vou ter coragem de publicar isto*? Se me tivesse sido concedido o privilégio de ser um André Gide:* "Não há nada que mereça mudarmos de caminho, devemos, ao passar, abarcar todas as coisas; não nos enganemos pois, as coisas chegam e se vão..." *Algo intitulado* A Tentativa Amorosa *ou* O Tratado do Vão Desejo... *Já pensou, doutora analista? O pessoal falando: – Vocês viram o livro da Flávia?* O Tratado do Vão Desejo*? As pessoas que não nascem André Gide também devem publicar livros? Uma prima, que por sinal escreve muito bem, contou-me certa vez que só publicaria um livro se conseguisse começá-lo tão magistralmente como:* "Muitos anos depois, diante do pelotão de fuzilamento, o Coronel Aureliano

Buendia havia de recordar aquela tarde remota em que seu pai o levou para conhecer o gelo. Macondo era então uma aldeia de vinte casas de barro e taquara construídas à margem de um rio de águas diáfanas..." *O resto eu não sei de cor, ela sabe todo o parágrafo e outro tanto. Há um pedaço que fala em* pedras polidas brancas e enormes como ovos pré-históricos. *Tão simples e tão lindo... Como você consegue, García Márquez, concatenar* tudo*?...*

Sim, eu sei, escrever para mim é tão vital quanto respirar. Muita coisa diz respeito à minha vida, outras coisas nem tanto... "Nossos livros não terão sido relatos muito verídicos de nós mesmos – mas antes de nossos desejos lamentosos, o anseio de outras vidas inteiramente perdidas, de todos os gestos impossíveis...", *se você me permite citar André Gide mais uma vez.*

Ah, sim, este lance de flashes de vidas passadas. Reencarnação, se você preferir. Ora, é lógico que admito. E a senhora também. Antes não acreditávamos, fomos educados a pensar que só vivemos uma vida, hoje sabemos que não é assim. Já vivemos, morremos e renascemos inúmeras vezes. E somos nós mesmos. Hoje nós sabemos.

Eu sei, mas como colocar tudo isto no papel? Peço sua ajuda, analista... Como a resposta está em mim? Como assim, no que acabei de citar? O que foi mesmo? "Não há nada que mereça mudarmos de caminho, devemos, ao passar, abarcar todas as coisas..."?

Está bem, eu vou em frente.

23

Então Flávia sentou e escreveu:

Ele está à minha frente comendo uma porção de fritas. Não o conheço. Coloca bastante ketchup *no prato e parece olhar o infinito. Agora levanta-se, vai até o balcão, pega um* cheese-bacon *e uma coca-cola litro. Coitado. Nem desconfia que está arruinando sua saúde. Se eu lhe dissesse, não me daria ouvidos. É ignorante quanto ao que está fazendo, mas a lei é impessoal. Não é por que não sabe, que ela deixa de agir sobre ele. Pela aparência, já é pré-diabético. Deve ter menos idade do que aparenta. Meu Deus, já tomou a coca inteira. Tenho pena. Se ele lesse isso, ou a maioria das pessoas aqui, pensariam que enlouqueci. Aliás, devo ter enlouquecido. Tenho vontade de chorar quando vejo esta gente se destruindo. O pior é que não sabem. Diriam: – Moça de blusa amarela aí sentada escrevendo, nós comemos o que todo mundo come, ora essa. Comemos o que existe para comer, o que é vendido, fabricado, tudo lícito, tudo permitido. Também tomamos nosso uisquezinho todo fim de tarde, que é para relaxar, e mais uma dosezinha que é para se soltar, churrasco no fim de semana que é para comemorar, feijoada aos sábados que é para...*

...Para tapar o sol com a peneira, para fingir que se é feliz, porque – sabe, moço da minha frente? – todo mundo come isto aí e é por isso que todo mundo fica doente, os hospitais estão cada vez mais cheios, as cirurgias se multiplicam, as pessoas estão cortadas, remendadas e estropiadas. E envenenadas. Intoxicadas. Infelizes. E dá-lhe caipirinha! Que é para relaxar...

Outro dia vi escrito num estabelecimento comercial: aqui, Baby Beef, carnes nobres. *O pessoal vai lá e pede picanha. Carne nobre de novilho precoce. Vai e paga caro. Muito caro. Ingere sofrimento. Digere agonia. O bezerro é confinado em pequenos cubículos e tem os olhos vazados logo que nasce. Para que possa engordar mais, e ter a carne mais macia. Tão nobre, não acha, seu moço? Tão nobre...*

Estou mesmo com vontade de chorar.

24

Foi uma das piores tempestades a que o mundo já assistira, desde o dilúvio. Mais tarde, alguns historiadores fariam referência ao fato de ter chovido por anos a fio durante o século XIII.

Foi nesta época que Leif e Rebeca se conheceram e se amaram. Talvez o mundo nunca tenha presenciado maior manifestação de amor.

Viviam numa casa em que havia uma lareira no meio da sala. Rebeca costumava ler em voz alta para seu amado, que deitava a cabeça em seu colo.

Saíam às vezes na chuva, e brincavam como duas crianças.

Um dia, quando os céus despejavam água como uma cachoeira gigante e eles haviam se amado tanto que seus corpos e suas almas se haviam fundido num só corpo e numa só alma, uma só voz falou pelos dois:

Haveremos de nos encontrar sempre, sempre, em todas as vidas e haveremos de nos amar e manifestar este amor até a completa fusão do nosso ser com o Pai...

Aí, a mesma dúvida assaltou os dois. Rebeca falou primeiro:

– Como haveremos de nos reconhecer?

– Saberemos que somos nós, porque seremos nós.

– Como nos encontraremos?

Leif falou como se fosse uma promessa solene:

– Nos encontraremos embaixo d'água.

25

Flávia escreve:

– Sempre me preocupei muito com medidas. Não, nem com as econômicas, tampouco com as de minha cintura, busto e quadris. Mas com a real medida das coisas. Como se eu não soubesse que existem coisas impossíveis de serem medidas. A medida da genialidade e da loucura humana. A medida dos limites. A medida da liberdade. O homem como medida de todas as coisas.

Ele tem o curioso nome de Leandro Índio do Brasil. Quando constatei que suas iniciais eram L.I.B., comentei que era a própria liberdade, guerreiro bravo e destemido. Ele fez mesmo uma cara de guerreiro e me fitou, sério. Algum tempo se passou até que ele dissesse:

– O guerreiro está sempre preso por limites intransponíveis.

– Mas você é a liberdade.

Ele pareceu não ter me ouvido e continuou:

– A liberdade consiste em percorrer o

maior espaço possível dentro desses limites.

– E qual a medida deste espaço? – perguntei, mas L.I.B. não respondeu.

Foi aí que pensei pela primeira vez no título do livro que eu estava escrevendo.

26

Do diário de Flávia:

Um belo dia, Rob Caiuby cruzou a minha frente, parou o carro e disse que ia entrar na minha vida.

– Vai entrar coisa nenhuma.

– Já entrei.

– Pois faça o favor de sair.

Não saiu.

Estávamos num estacionamento. Ele tinha um violão dentro do carro, e acabei achando que gente com violão tinha que ser digna de confiança. Contou-me que havia composto uma canção que falava de varanda e que amara durante toda a infância as minhas mesmas montanhas da Serra da Cantareira que ele via ao longe do bairro das Perdizes, onde morava. Também disse que morava nas Perdizes, e que meu sobrenome era nome de rua, e ele disse que o dele também. Não acreditei e ele me mostrou sua carteira de identidade. Com efeito, a Caiuby cruza a Cardoso de Almeida, e o nome dele era esse mesmo, e achamos que aquilo era algo digno de comemoração. Acabamos entrosados numa conversa que nunca terminaria, pois a afinidade era muita, se não fosse a inevitável constatação de que como as ruas, cada um teria que seguir seu rumo, o que aliás mais tarde acabou acontecendo.

Terminamos os dois por perder os respectivos compromissos que nos tinham feito dirigir àquele estacionamento. Por causa disto, Rob sugeriu que deveríamos assumir um nosso. Como compromisso, firmamos o pacto de uma amizade sólida para toda a vida. Ele sempre dizia que sabia que tinha de entrar em minha vida assim que me viu.

Foi por causa dele que comecei a estudar Esperanto. Eu sempre tivera vontade, mas não sabia onde buscar este conhecimento. Ele tinha um livro e me convenceu que era fácil. E era. Começamos a treinar juntos. Ele dizia: Revenas al mi. Malvarne estas mi khoro. Changa la nebulo. Kion vi farus? *Ele me ensinava:* kandelo *é vela e* jarcento *é século.*

Combinamos certa vez – ao som de Still Loving You, *de Scorpions – que mesmo que a vida nos separasse, haveríamos de nos encontrar de tempos em tempos. Tínhamos passado com o carro embaixo de um chorão e os galhos haviam batido com força no pára-brisa quando ele falou:*

– Você já tem algo marcado em sua agenda para o século que vem?

Estávamos em fins de 1982. Respondi que não tinha idéia do que eu faria no minuto seguinte.

Então ele propôs que marcássemos um encontro para dali a vinte anos. E o fizemos. Solenemente – o som cantava Time... I need time... *– marcamos o dia e a hora. Local? Ele sugeriu Monte Verde.*

– Deus – retruquei – que pretexto darei a meus filhos e netos para estar em Monte Verde nesta data?

Ele respondeu que eu tinha vinte anos para pensar.

Seguimos cada um o seu caminho, embora sempre nos cruzássemos (como nossas ruas), e o encontro ficou marcado.

27

O ano era 2002, mas Monte Verde parecia ter parado no tempo. As ruas – pasmem – ainda de terra batida, as florestas ainda conservavam o silêncio de grandes catedrais.

Havia chegado o dia combinado.

Como testemunha, uma solitária andorinha cruzava os ares, como a pressentir qualquer coisa.

E, conforme Flávia visualizara anos antes, o encontro aconteceu.

Viram-se, primeiro ao longe, ela e seu amigo, e foram andando devagar como num filme. Flávia sentiu uma sensação de ausência de tempo. Aquilo não era um pedaço de tempo, nem um instante, ou qualquer outra medida. Aquilo era o que sempre foi, continua sendo e sempre será. Por fim ela compreendeu que o tempo não existe.

Aquele momento era a eternidade, um agora infinito.

Quando estavam próximos um do outro, Rob olhou-a no fundo dos olhos, aqueles mesmos olhos, porque os olhos – disse alguém –

não envelhecem, são as pálpebras que envelhecem..

– *Dankas estas veninta**, disseram quase ao mesmo tempo.

– *Dankas estas veninta* – Flávia repetiu, e a andorinha cortou o céu algumas vezes antes que eles voltassem a falar.

– Como você está bem! – exclamaram, também em uníssono, e riram depois.

– Sim, estamos ótimos!

– Não falei que vinte anos passariam voando e você não acreditou?

Contaram sobre suas vidas e por fim Rob falou:

– O que eu não estou acreditando é como você pode estar assim tão... tão... radiante!

Flávia assumiu um ar maroto e concluiu:

– Algum dia eu conto o motivo da minha felicidade.

---

* Obrigado por ter vindo, em Esperanto.

28

Justo quando não se tem um minuto de tempo, o carteiro resolve entregar uma quantidade exagerada de correspondência. Parece que faz de propósito.

Foi o que Flávia pensou, olhando de relance para o volume de cartas deixado em cima de sua mesa.

Quando as coisas acalmaram foi dar uma espiada e... logo de início um envelope lhe chamou atenção.

– Da França, para mim?

Era um convite da Association Vétérinaire para um congresso em Lyon. *Très bien*, sua especialidade: *"Emergência e Primeiros Socorros em pequenos animais"*.

Se você quiser ir a algum lugar, pense que já está lá.

Flávia teve uma forte intuição de que iria.

– Eu vou – falou para si mesma.

Teve que verificar a conta bancária, fazer uns (muitos mas não impossíveis) ajustes aqui e acolá, e no fim do dia achou que não estaria fora de cogitação dar um pulinho em Lyon e, talvez, uma esticadinha até... até... Lyon é perto de onde mesmo?

Por falar nisto, como andavam mesmo seus conhecimentos de francês? O livro de G. Mauger, lembra? *Pierre et ni beau, ni laid; du fromage, du jambon, des oeufs, du beurre...* saberia se virar, apesar de não ter que pedir *jambon...* A idéia passou a criar forma... *Des abricots, des haricots verts...* Nada como uma bela viagem quando tudo parece fora de perspectiva.

Desceu as escadas cantarolando.

29

Foi a Ilhabela, com a inocente intenção de pegar um pouco de sol antes de viajar.

Em vez de um, encontrou dois sóis. Leandro estava lá.

À noitinha, foi procurar Fátima, onde sabia que estaria preparando os sanduíches naturais para o dia seguinte.

O impacto ao adentrar a casa de Fátima. A sensação de encantamento.

A amiga veio ao seu encontro.

– Por que você andou chorando? – foi logo perguntando, e Flávia mais uma vez ficou intrigada com a percepção da amiga.

– Vi Leandro e falei com ele; meio rapidamente, mas falei.

– O que conversaram?

– Nada de especial; a família dele estava por perto. Só trivialidades.

É melhor dar um tempo sem vê-lo...

– Dar um tempo? Quanto tempo você quer que eu dê? Quanto tempo você pensa que já dei? Meses parecem séculos...

– Mas me fale dessa viagem.

– Viagem? – Flávia desta vez assustou-se

realmente. – Como? Eu ainda nem falei!...

Fátima também se assustou.

– Não falou? Bem, deve ter falado. Para onde exatamente você vai?

– Para Lyon, na França. Um congresso.

– França? – o rosto de Fátima se iluminou. – Será que...

– Foi por isso também que vim aqui. Estou com vontade de investigar a história do quadro. Você poderia me dar mais detalhes?

– Sim, sim... – a moça estava radiante. – Mas é claro... Finalmente... o quadro... a escola... Nîmes...

– O que?

– Nîmes é o nome do lugar.

– Onde fica isto?

– Na França, não sei.

– Você tem Atlas aí?

Não tinha.

– Eu me viro. Dê-me mais detalhes. Não quero passar por maluca...

– Talvez te tomem por maluca. Aliás, vão mesmo te tomar por maluca.

Parou um pouco e prosseguiu:

– E isso tem alguma importância?

30

Voltou a São Paulo ainda naquela noite, com algumas anotações e três sanduíches de ricota, cenoura e passas.

– Nîmes, Nîmes, onde raios será isto?

O gravador do carro tocava *Kitaro* e ela lembrou de um dia em que fizera uma massagem nas costas de Leandro com óleo de bétula ao som desta música. Ele estava cansado e ela pediu que tirasse a camisa. Deitou-se de bruços e comentou que suas mãos eram mágicas.

– Queria ter mãos que curassem, a um simples toque...

– Você as tem...

Lágrimas escorreram de seus olhos ao lembrar dos dele, tão profundamente azuis, e ela repetiu em voz alta a frase de Khalil Gibran:

– Deve haver algo estranhamente sagrado no sal. Encontra-se em nossas lágrimas e no mar...

Desligou o som e resolveu pensar na viagem.

31

Teve que tirar o pó do Atlas antes de consultá-lo e verificar que Nîmes era no sul, mais perto de Lyon do que poderia supor. Ótimo. Região da Provença, que gostaria mesmo de conhecer.

Veio-lhe à mente um livro, *Cartas de Meu Moinho*, de Alphonse Daudet, que havia lido na escola e que, por algum motivo qualquer, ainda tinha consigo. *Certas coisas* – pensava – *nunca somem, mesmo que a gente não faça absolutamente nada pra conservá-las.* Este livro era um exemplo. Depois de ter mudado de casa várias vezes, o exemplar havia sobrevivido a todas as mudanças, empréstimos e a todas as arrumações de armário, estantes e prateleiras, ao longo de todos esses anos. Dizia respeito a esta região do sul da França, cheia de moinhos de vento e pastores de ovelhas que curiosamente lhe pareciam familiares.

Sim, não encontrava explicação plausível para o fato de gostar tanto, desde pequena, destas paisagens bucólicas da Provença. Criada em cidade grande, pouco tendo saído de São Paulo durante sua infância, nenhuma experiência com moinhos ou pastores justificaria esta fascinação.

Enfim, sentiu-se contente por poder finalmente conhecer (ou rever) estas paragens. A idéia do inusitado trouxe-lhe uma agradável sensação de excitamento.

32

Flávia escreve:

Estou no aeroporto. Inspecionei minha bagagem de mão pela milésima vez para ver se não havia esquecido nada. Estas esperas me deixam nervosa. Vamos tentar algum relaxamento. Alguma visualização. Vamos, Flavinha, eu sou você, estou com você. Respire profundamente. Vai, desliga... Estamos protegidas, confie. Temos ainda tempo de sobra. Inspire. Prenda o ar. Exale lentamente. Três vezes. Isto. Relaxe. Visualize um campo, relvado, flores brancas. Montanhas ao longe. Montanhas cinza-azuladas. Pastores de ovelhas... Repita comigo o Salmo de que você tanto gosta: O senhor é o meu pastor... Deitar-me faz em verdes pastos, guia-me mansamente para águas tranquilas... Refrigera minha alma... Conduz-me aos caminhos da justiça, por amor do seu nome...

Flávia sentiu-se arrebatada por uma onda de perfume.

Abriu os olhos. Nada no ambiente sugeria tal sensação. O aroma era forte, intenso, agradabilíssimo. Cheiro de mato depois da chuva. Flores silvestres. Pinheiros verdejantes (e ela estava na sala de embarque do aeroporto!).

Uma voz interior recitou:

Pinheiro, quem és?

Sou o fantasma dos sábios que preferem a vigília da solidão da floresta.

Pinheiro, que significam teus galhos?

Mãos estendidas do céu, para abençoar a terra.

Pinheiro, para que foste criado?

Sou o templo criado para os que adoram a Deus na natureza.

Pinheiro...

– Senhores passageiros com destino a Paris, vôo...

Flávia deu um salto. Agarrou casaco, bolsa e maleta de mão e encaminhou-se para o portão de embarque.

Ainda continuou, mentalmente, antes de chegar à sua poltrona:

Pinheiro, qual o segredo de sua vida?

Sou a sombra das almas na cruz que aguardam a hora da libertação.

E as palavras ficaram reverberando em sua cabeça:

Que aguardam a hora da libertação. Que aguardam a hora da lib...

A aeromoça veio perguntar se ela havia encomendado refeição especial.

– Sim, obrigada.

...a hora da lib...

L.I.B. Leandro Índio do Brasil. Chegaria logo a hora da libertação?

33

Flávia escreve:

Parei petrificada na frente do moinho. Não pude nem disfarçar; o pessoal da excursão já deve desconfiar que algo estranho está se passando comigo. Também pudera, já morei aqui antes. Você vai ter que acreditar, doutora analista, quando eu tenho certeza, eu tenho certeza. Escrevo estas notas de viagem em cima de uma pedra que cumprimentei quando a vi. Sim, foi isto mesmo que eu disse. Cumprimentei a pedra. Eu disse:

– Olá, que saudades! Você ainda está aí?

Estou te dizendo que eu me lembro desta pedra e – olhe, eu nunca estive aqui. Quer dizer, lógico que estive. Não nesta vida. Eu sentava nesta pedra, está me entendendo? Você não avalia a emoção. Não é à toa que me julgam estranha. Não sou estranha, nem para mim mesma. Nunca estive tão lúcida quanto agora, no momento em que escrevo isto. Entendo tudo, sinto-me desperta. Acordei do sono que me embotava os sentidos.

Quando por fim entrei no moinho, meu coração batia tão forte que tive medo que as pessoas ao redor pudessem ouvir suas batidas. O moinho hoje é um museu, as pessoas entram, olham em torno, acham interessante, assinam seus nomes no livro. Quando fui assinar, minha mão tremia tanto que rabisquei qualquer coisa. Não era meu nome. Percebi então como meu corpo estava em polvorosa, ebulição, sei lá. Se existe mesmo uma memória ancestral presente nas células, ela deve ter sido despertada. Sinto-me em curto-circuito, mas, repito, lúcida como se estivesse para morrer. Parece que tenho irmandade com todas as coisas e tenho a sensação de que não há mais nada no mundo capaz de me surpreender. Estou profundamente feliz.

(...)

Eu tinha um gato. Todo moinho tem gato. Gostava de ficar deitado ao sol depois do almoço. Almoçávamos cedo, umas dez e meia, onze horas. Acho que porque levantávamos cedo, isto eu que estou inferindo. Adorava este gato. Um dia ele ficou doente e eu cuidei dele. Não me lembro de muita coisa. Nem meu nome, nem quem eu era, nem o que fazia no moinho. Só sei que era mulher, pois senti cabelos muito longos batendo nas costas e saias rodadas e compridas batendo nas canelas. Vou tentar ser precisa nestas anotações. O mais objetiva possível (Ah, ah! Ser objetiva! Isto não é objetivo! Ninguém vai acreditar mesmo!). Ah, uma observação. Não sei o que aconteceu: meu francês, inexplicavelmente, está perfeito.

34

De repente tudo parece muito claro. Sou apenas... eu. Uma vida, tem-se condição de entender. Somos crianças, vamos à escola, crescemos, mudamos de casa e de idéias, olhamos álbuns de fotografias e dizemos: –Aqui estou eu com três anos, com quinze. Estranhamos o cabelo. Achamos engraçadas as roupas. Mas somos sempre nós. Isto conseguimos processar. Tudo bem. Mas outras vidas, outros corpos... A maioria das pessoas rejeita. Acho que mais por condicionamento cultural. Por falta de informação. Por erro de educação.

Crescemos acreditando numa vida só. E não encontramos explicações para as profundas diferenças que se apresentam. Uns vivem oitenta anos, outros não chegam a nascer. Alguns são belos e perfeitos, outros aleijados e grotescos. Não é absurdo pensar em apenas uma oportunidade de vida?

As pessoas hesitam em aceitar a reencarnação porque não conseguem conceber a idéia de terem sido outra pessoa. Aí é que se enganam. Não são outra, mas sim a mesma, ainda em processo de aprendizagem, em outro corpo. Bem, quanto a mim, não tenho a menor dúvida. Sei que vivi antes.

35

Estava um pouco frio quando Flávia chegou a Nîmes. Havia chovido e as ruas ainda estavam molhadas quando ela pediu para o táxi deixá-la numa praça, com mala e tudo. Ela, que era tão organizada, pela primeira vez resolveu deixar as coisas fluírem para ver o que acontecia. Não havia reservado hotel, não tinha a menor idéia de onde ir, do que procurar, apenas sabia que precisava estar lá. Curiosamente, não sentia medo, nem solidão, nem mesmo uma leve apreensão. A sensação era de que uma luz a guiaria, e ela sentia uma força vinda do alto, que não soube explicar.

Desde que Leandro partira, no meio de dor e sofrimento quase insuportáveis, ela vinha trabalhando para o fortalecimento do seu eu, não do ego, mas do seu eu mais profundo, para que, se, ou quando ele voltasse, pudesse encontrá-la inteira, pronta para recebê-lo e compreendê-lo. Não tinha sido uma tarefa fácil. Muitas vezes, Flávia sentia-se fraquejar, sentindo uma angústia e uma tristeza tão profundas que pareciam cavar um buraco dentro dela. E pensava: *Se era para me ser tirado, por que me foi dada a chance de reencontrá-lo? Por que tanto sofrimento? Por que? Por que?*

Mas quando conseguia recobrar um pouco suas forças pedia ao Cósmico e aos poderes superiores que pudesse alcançar a compreensão de tudo aquilo que estava acontecendo. Sim, ela precisava transmutar a dor em sabedoria.

E repetia:

– Eu o amo, eu o amo tanto que meu ser não consegue conter tanto amor. Sei que ele é o homem que nasci para amar e eu o amarei para todo o sempre, não importa o que venha a acontecer.

Sentou-se num banco da praça. Um fraco raio de sol cortou a névoa e atingiu o rosto de Flávia. Ela fechou os olhos e pensou: *Considera seu próprio coração...*

E ela considerou. Ela sabia que através dele, e só através dele, poderia vir a luz que tornaria tudo claro aos seus olhos.

Perdeu a noção do tempo em que ficara lá, sozinha, no meio do mundo, sem rumo, sem destino, dona de seu próprio caminho. Era livre para fazer o que quisesse, e escolheu mergulhar em seu próprio coração.

De repente levou um susto. Um rapaz se sentara a seu lado.

Ele sorriu:

– Desculpe tê-la assustado.

Flávia não o reconheceu de imediato. Sabia que já o tinha visto, mas não conseguia lembrar quem era.

– Vi quando você chegou, te reconheci, mas não quis atrapalhar seu devaneio. Há horas que estou te observando.

– Quem... é você, mesmo? – conseguiu murmurar.

Ele olhou-a nos olhos e ela se lembrou:

– O dono do *Todavia*!

O recém chegado sorriu:

– O que faz aqui, doutora veterinária?

– Eu... estou participando de um congresso...

– Aqui?

– Não, exatamente; em Lyon. Aqui eu vim...

– À procura de si mesma, não foi?

– Ah..., não, quer dizer... de um quadro...

Conseguiu refazer-se do susto e perguntar:

– E você, o que faz aqui? E o *Todavia*? Como é mesmo seu nome?

– Jimi.

Flávia lembrou-se dos gatos e sorriu.

Ele continuou:

– *Todavia* está ótimo. Não sei o que deu nele naquele dia. Não estava bem, mas logo depois melhorou. Não entendi direito o que aconteceu.

Parou como se quisesse compreender o porquê do cachorro ter ficado estranho de repente, naquela ocasião, obrigando-o a largar suas atividades e procurar uma clínica veterinária aberta.

E acrescentou:

– Se *Todavia* não tivesse ficado doente naquele dia, nós não estaríamos conversando agora. Parece que tudo conspirou para que nos encontrássemos, e meu *setter* se ofereceu para dar uma mãozinha.

Flávia procurou colocar os pensamentos em ordem. Mais uma vez, sentia estar perdendo a realidade das coisas.

– Você ainda não me respondeu o que faz aqui.

– Tenho família em Nîmes. Minha mãe é francesa e leciona numa escola aqui perto.

Flávia sentiu um arrepio.

É professora... escola – pensou e em seguida perguntou:

– Quantas escolas há nesta região?

– Ora, várias, por quê?

Ela resolveu ir diretamente ao assunto:

– Preciso encontrar um quadro, que está numa escola, aqui nesta cidade.

O moço não achou estranho:

– Foi por isso que você veio, não foi?

– Sim.

– E você não tem nenhuma pista?

– Nenhuma.

Ficaram uns momentos em silêncio, até que por fim, Flávia falou:

– Acho que tenho uma pista. Você.

Jimi concordou.

– Seria coincidência demais nos encontrarmos aqui, sem mais nem menos... Aliás, senti um impulso que me fez passar por esta praça a esta hora da manhã...

Flávia suspirou:

– É, tudo acaba se encaixando no final.

Pensou em todas as coincidências que estava compilando. Sabia que nunca ia poder explicar as relações de causa e efeito entre elas, e por isso mesmo eram fascinantes.

Jimi perguntou finalmente:

– O que você procura no quadro, que ainda desconheça?

– Uma mensagem – e contou o que sabia, o que não era muito.

– Sinto decepcioná-la, mas não creio que você encontre alguma novidade. Não há nada que ainda não saibamos...

– Há.

Flávia fez um gesto impaciente. E falou, como se para si mesma:

– Não sei se Leandro vai voltar para mim.

– Vai.

Flávia teve um sobressalto.

– Você nem sabe do que estou falando.

Jimi riu, um belo sorriso, com seus dentes muito brancos.

– Não sei mesmo, mas estou dizendo que vai.

– Você nem conhece a história. A probabilidade é mínima; ele tem família, não quero ser feliz fazendo outros infelizes.

– Ele ama você.

– Eu sei, mas é amor impossível.

– Não existe amor impossível.

– Jimi, você nem me conhece, nem o conhece, como está dizendo tudo isso?

– Intuição.

Uma onda de esperança invadiu o coração de Flávia.

– Você acha mesmo? Ele vai voltar?

– Vai.

– Quando?

O moço não respondeu de imediato. Fechou os olhos como se buscasse dentro de si a resposta e por fim falou, sério:

– Quando você parar de chorar.

– Eu já parei... – ela ia dizendo, mas interrompeu-se porque não conseguia conter-se e explodiu em lágrimas.

– Você precisa esvaziar seu coração...

– Era... o que... eu... estava fazendo quando você... chegou.

Flávia soluçava.

– Eu não consigo – continuou. Dói muito. Tenho... muitas... saudades dele...

– Eu sei, eu sei. Dói. Mas você precisa estar bem consigo mesma. E feliz. Completa. Com ou sem ele.

– Juro que... estou... tentando...

As lágrimas brotaram grossas dos seus olhos.

– Eu o amo muito... muito... Estou sofrendo tanto...

– Pois pare de sofrer.

– Deus sabe como estou tentando. Veja só: vim fazer esta viagem. Tenho procurado não pensar. Mergulho no trabalho... Não adianta, eu só vivo Leandro, respiro Leandro...

– Você conhece tudo na teoria, mas ainda está longe de praticar as coisas que sabe. Quando parar de sofrer, ele voltará.

– Ele voltará quando eu provar que não preciso mais dele ?

– Mais ou menos isto. E concluiu: Nunca se esqueça de praticar isto: *Busque primeiro o Reino dos Céus, e tudo o mais te será dado por acréscimo.*

Alguns momentos depois Flávia se recompôs. Enxugou as lágrimas e falou, firme:

– Vou procurar um hotel.

36

Leandro não estava feliz. Havia tomado aquela decisão pois a achara correta e honesta. Procurava a cada momento se convencer de que esse era o caminho acertado. Sentiu, no início, a paz de não estar dividido. Porém a falta de Flávia lhe doía no peito. Tentava sufocar seu grito interno e preferia não pensar.

Mas sabia que quando a havia deixado, tinha abdicado de um pedaço de si mesmo. Sentia como se sua alma, uma vez fundida na outra, fosse violentamente arrancada de sua outra parte, causando uma dor lancinante.

Um dia, ele encontrou entre seus guardados um bilhetinho que Flávia lhe havia escrito, e que dizia: *Muito além das idéias de certo e errado existe um campo: eu te encontrarei lá.*

37

A escola onde a mãe de Jimi lecionava ficava no alto de uma colina. Era um belo prédio de tijolos aparentes. Flávia tomou fôlego, depois de subir uma escada que levava ao saguão principal.

Jimi a havia apanhado no hotel naquela manhã seguinte ao primeiro encontro e perguntava-se o que estava por acontecer. Sentiam-se ambos curiosos e intrigados. Achariam o tal quadro? Onde estaria oculta a mensagem? O que diriam ao pessoal da escola? Alguém sabia quem era Marcel Nicholas?

Tocaram a campainha e aguardaram.

Algum tempo depois saíram, um tanto decepcionados.

– Bem que me disseram que me iam tomar por maluca.

– Ora – disse Jimi – não foi tão ruim assim. O pessoal foi simpático, só que não há quadro nenhum. Ninguém nunca ouviu falar desse artista.

– E agora? – perguntou Flávia desalentada. Teria Fátima se enganado? Não pode ser. Ela sabe das coisas...

– Bom – resolveu Jimi – já que entrei nessa, vamos até o fim. Visitaremos outras escolas. Nîmes não é tão grande assim...

– Obrigada, amigo. Como foi bom ter te encontrado...

Flávia escreve:

Estou num hotel que é uma gracinha. São apenas três andares, sem elevador. Os quartos têm gerânios na janela e paira um cheiro adocicado no ar. Acabei de tomar uma sopa fumegante, depois de um banho de imersão com sais; na cama há um edredom branquinho que parece uma nuvem, de tão leve e macio. Jimi me deixou aqui no fim da tarde. Tivemos um dia cheio mas não muito produtivo. Fizemos um levantamento de todas as escolas da cidade. Em algumas não nos deixaram entrar. Limitamo-nos a perguntar sobre a existência do tal quadro. Não encontramos viva alma que soubesse quem era Marcel Nicholas. Nos catálogos de museus e galerias também não há referências. Em todo caso, amanhã continuaremos a busca. Nem sei direito o que estou buscando, mas hei de encontrar.

38

As estradinhas que ligavam Nîmes aos outros vilarejos nos arredores eram deliciosas. Altos ciprestes erguiam-se em ambos os lados, sombreando o caminho. Flávia observou que ali os pássaros cantavam mais alto.

– Adoro a primavera – ela foi dizendo – tempo de renascer, de recomeçar, de brotar, de fazer surgir...

– Há épocas em que as estações explodem dentro de nós. Nossas vidas também obedecem a certos ciclos. Há tempo para plantar, há tempo para colher... – continuou seu amigo, enquanto dirigia pelo caminho sombreado.

– Você sabe porque os pássaros cantam mais na primavera?

Jimi sabia:

– Porque o canto estimula o crescimento da vida vegetal. Ele estabelece uma vibração que faz crescer as plantas e flores. Nossos amiguinhos de penas conversam com a relva, com os arbustos, emitindo sons necessários para seu desenvolvimento.

E finalizou:

– Na natureza, tudo é sincronizado.

Flávia então soube que o amigo pertencia ao seu grupo de pessoas despertas. Estava feliz porque sentia-se renascendo, como a primavera. A grama era tão verde que doía nos olhos. As folhas dos ciprestes filtravam os raios de sol, e seu movimento fazia as sombras dançarem.

Sentia Leandro dentro de si. Lembrou que uma vez ele lhe escrevera:

O fato de você achar que está longe de mim é mera ilusão sensorial. Nossa união se faz dentro do Sol! Olhou o astro-rei e mais uma vez se sentiu una com ele.

– Onde estamos indo? – perguntou finalmente.

– No final desta estrada há uma antiga hospedaria que foi convertida em restaurante. Vamos experimentar um vinho moscatel que não é desse mundo.

Disse isto e ficou em silêncio, aspirando o ar da tarde.

Passaram por grupos de casas toscas, duas ou três fazendas, alguns moinhos inativos.

Flávia teve vontade de perguntar se ainda

existiam pastores, mas não o fez.

Pensou no vento mistral e no transmontano. Lembrou-se de uma história que havia lido, um relato de um pastor provençal que tinha intensa comunicação com as estrelas. Tinha a impressão de estar viajando no tempo.

Passaram por uma pontezinha que parecia dividir ao meio um pequeno rio. Avistaram mais algumas casas de camponeses, plantações de morangos, jardins bem cuidados, até que a estrada desembocou numa alameda margeada por carvalhos tão bem alinhados, que pareciam soldados em fila.

Jimi parou o carro ao lado de uma casa avarandada, de cuja chaminé de tijolinhos saía uma tênue fumaça.

Entraram e sentaram numa das três mesas que compunham uma sala pouco iluminada. Pairava no ar um cheiro delicioso e familiar. Mais tarde, Flávia haveria de se recordar de ter experimentado a mais saborosa refeição de sua vida. Tão simples, mas tão gostosa. O pão de centeio quentinho, um queijo divino, um vinho indescritível. E por fim tomaram goles de um licor verde, dourado, que deixou suas almas ensolaradas.

Não foi de imediato que Flávia reconheceu

a familiaridade do lugar. Mais tarde, entretanto, não teve como não deixar de associar aquela casa com a de Fátima. O mesmo cheiro, o mesmo mistério, o mesmo ar de encantamento.

– Nem que não ache quadro nenhum – falou Flávia, e tinha lágrimas nos olhos – encontrei mais do que esperava encontrar.

Jimi também tinha os olhos marejados.

– Eu também já vivi aqui – disse por fim.

39

Foram dias inesquecíveis, em que esquadrinharam toda a região provençal, repleta de vinhedos e castelos antigos.

– O que você acha que estaria escrito atrás do quadro? – perguntou Jimi, enquanto se despedia da amiga, no pequeno aeroporto de Avignon.

– Não sei bem – respondeu Flávia, depois de conferir os tíquetes de bagagem. – Talvez algo como: *"Só há uma coisa mais difícil de conhecer: o teu próprio coração"*; ou *"Aprende a lição da Harmonia"*; ou mais: *"A própria vida tem sua linguagem. E esta linguagem não é um grito, mas um canto. Aprende dele que tu és parte da Harmonia"*.

– Bonito. Muito bonito.

– Li em algum lugar.

Abraçaram-se.

– Obrigada por tudo, amigo.

– Eu também aprendi muito.

Ficou em silêncio, depois disse:

– Quem sabe se eu ou você fomos Marcel Nicholas. Um artista desconhecido, mas amante da beleza e da verdade profunda que transparece na arte. Vamos supor que ele tivesse deixado esta mensagem que você disse há pouco.

– Qual?

– A da Harmonia.

– *"Aprende que tu és parte da Harmonia"?*

– Sim. Esta será a mensagem de Marcel Nicholas.

Flávia riu:

– Se ele não escreveu, pensou.

– Ainda fico mais uns dias em Nîmes. Qualquer coisa te aviso. Mas acho que já encontramos tudo.

– Obrigada, mais uma vez.

Flávia já seguia para o portão de embarque, quando se lembrou e voltou-se:

– Esqueci de te perguntar uma coisa. Por que seu cachorro se chama *Todavia*?

Jimi riu seu sorriso enigmático.

– Porque há sempre um outro lado na história.

40

A bordo, Avignon - Paris

Doutora Analista:

O sol da Provença afetou meus miolos. Estou completamente aturdida. Jimi apareceu na minha vida como um anjo. Sim, ele é um anjo. Às vezes desconfio que ele não é de verdade. Talvez seja meu Eu interior, depois eu explico o que é Eu interior. Que história é esta de "outro lado da história"? Que lado? De que ele está falando? Não, não achei o quadro, ainda bem. Seria demais para minha cabeça. Nem iria acreditar. Mas encontrei muito mais do que imaginava. E ele disse – sim, ele disse, e eu acredito – que Leandro vai voltar para mim.

41

Depois de mais uma espera no aeroporto Charles De Gaulle, Flávia estava cansada mas feliz. Trocara a sensação de espanto por uma paz nunca sentida. Sem dúvida, crescera muito interiormente.

Quando por fim o avião decolou, sentiu que grilhões se partiam. Não sentia mais paixão, que subjuga e escraviza, mas Amor, um Amor profundo e intenso, sereno e tranqüilo. Amor por Leandro, por toda a humanidade, pelas pessoas ao seu lado e em toda a superfície terrestre.

Vai, avião. Cruza a barreira do tempo. Vence as barreiras do espaço. Voa de encontro ao infinito. Supera teus limites, galga as alturas, impõe teu corpo de prata nesta imensidão. Penetra a escuridão; rompe a aurora, brilha teu porte majestoso nos ares, depois pousa na terra que te recebe.

O barulho dos motores era ensurdecedor, mas Flávia ouvia música, música das esferas e de repente viu-se num campo coberto de flores, um intenso aroma perfumando os ares.

Sentiu-se livre, e pela primeira vez compreendeu que o Amor não escraviza. Liberta. E, em pensamento, amou Leandro como nunca antes o fizera. Sentiu seu corpo no dele, êxtase dos êxtases. E explodiu numa sensação cósmica, como nunca experimentara.

Em terra, Leandro acordou com a nítida presença de Flávia ao seu lado. Sentia um forte perfume de rosas e, estranhamente, constatou que havia feito amor durante o sono.

Mais tarde, eles haveriam de partilhar esta experiência, e verificar que os acontecimentos haviam sido simultâneos.

42

Foi deixar a mala em casa e partir para Ilhabela. Ainda restavam dois dias, antes de reiniciar suas atividades.

– Não há quadro nenhum – foi a primeira coisa que disse quando encontrou Fátima.

– Eu sei – respondeu a amiga, impassível.

– Como sabe?

Flávia estava exasperada.

– Você inventou esta história, me fazendo perder esse tempo todo?

A outra não se abalou:

– Você perdeu algum tempo?

Sua voz era calma e suave.

Impossível brigar com alguém assim. Mudou o tom da voz:

– Diga-me, pelo amor de Deus. Não existe quadro nenhum?

Fátima continuou imperturbável:

– Não, não inventei essa história. Um certo Nicholas pintou realmente um quadro e deixou uma mensagem atrás. Não importa que você não o tenha localizado. Às vezes, precisamos de um pretexto para irmos atrás de alguma coisa. É mais fácil sair em busca de uma coisa concreta do que à procura de algo mais sutil. O importante é que você encontrou.

Flávia só conseguiu murmurar:

– É, acho que encontrei.

43

São Paulo, 25 de julho de 1992.

Querida Flavinha,

Estou absolutamente feliz. Queria, antes de tudo, partilhar isto com você. Prepare-se, querida: você viverá uma felicidade indescritível.

Ah, você aprenderá tanta coisa... Talvez esta carta chegue naquela tarde bonita em que você ficou olhando o pôr-do-sol, sentada em cima do muro, de vestido azul com margaridas estampadinhas, pensando na vida.

Sim, querida, a vida realmente te sorrirá. E você terá a certeza de que o verdadeiro AMOR – preste atenção a estas palavras – NÃO ESCRAVIZA, LIBERTA. E tudo o que você solta e libera, volta. Entendeu? Se você pudesse, desde cedo, aprender a soltar grilhões internos, livrar-se do medo, da ansiedade, da culpa... Nunca prenda nada, nunca escravize nada, principalmente a si mesma.

Você vai aprender muito com um certo Richard Bach, que vai escrever um livro chamado Ilusões, *no qual discorrerá sobre a coragem de se soltar. Ele ensinará que* "dentro de nós existe o poder de nosso consentimento para a saúde e a doença, a riqueza e a pobreza, a liberdade e a escravidão. Somos nós que controlamos isso, não os outros." *E mais:* "O rio (a vida) tem prazer em nos erguer à liberdade, se ousarmos nos soltar".

Leia isto muitas e muitas vezes... E pratique, por fim.

Quer saber se Leandro voltou?

– Voltou, querida, voltou. Em definitivo. Mas apenas quando eu o liberei. Não está entendendo? Você vai entender. Quisera eu não ter demorado tanto para compreender. Não adianta te explicar agora. Quando tiver passado por isso, saberá.

Medite sempre, querida. Visualize seus caminhos. Seja sempre sincera consigo mesma. Confie em você. Confie.

Como foi que ele voltou? Não vou dizer para não estragar a surpresa. Mas posso adiantar que tudo se resolveu naturalmente, sem traumas, sem mágoas.

Lembra-se de que a vovó sempre dizia que

"aquilo que tiver de ser, tem muita força"*? Pois então, tem sim. Toda a força do mundo.*

Outra coisa para você não esquecer: "Busque primeiro o reino dos Céus. E tudo o mais te será dado por acréscimo". *Busque o interno. O dentro. O resto sempre vem. Sempre.*

Cuide-se, querida.

44

Flavinha fechou os olhos. O sol já desaparecia no horizonte, deixando um belo colorido no céu. Tinha dezesseis anos e a vida pela frente. Sonhara com cartas misteriosas, vindas do futuro, ou realmente as recebera?

Não importava. Respirou fundo. Com certeza, haveria de conhecer o Amor.

45

– Meu Amado, sonhei novamente que tinha voado. Acho isto um ótimo sinal. Estou leve, novamente.

Aconchegaram-se no sofá, em frente à lareira acesa.

– Naquele tempo – refiro-me à vida na Dinamarca – jamais sonharíamos com uma lareira num apartamento.

– Sinal dos tempos, querida...

– Meu Sol. Acho que finalmente reunirei todos os meus escritos num livro. Ou melhor, num "livre".

O fogo na lareira crepitou.

– Você vai contar tudo no seu livro?

– Quase tudo.

– Até a história do tal Jimi que você ainda não descobriu se o conheceu ou sonhou?

– Até. Aliás, ninguém acabou encontrando a ficha do *Todavia.*

– E você vai colocar todas aquelas citações que você vive dizendo?

– Vou.

– E como vai terminar seu livro?

– Contando este momento de Amor infinito e citando mais uma frase.

Ele aproximou-se e Flávia beijou seus cabelos.

Guarde este momento para sempre – ela pensou.

Lá fora uma tempestade desaguou de repente.

Abraçaram-se fortemente.

Por fim, Leandro perguntou qual seria a última frase. Flávia olhou-o com ternura e disse:

– *Só uma coisa torna um sonho impossível: o medo de fracassar.*

Axis Mvndi Editora

Nossa casa editora traz o *eixo de mundo* em seu nome latino. Isso significa que quer, através do seu trabalho, estar conectada a esse eixo e colaborar com ele. Eixo do mundo é tudo aquilo que representa e simboliza uma ponte de união entre a terra e o céu, o mundo da matéria e o mundo do espírito. Acreditamos que tudo na vida do homem e do mundo acontece a partir dessa relação indissolúvel. Quanto mais essa relação é forte e efetiva, mais a existência é plena.

Vivemos hoje uma grande crise de civilização, de proporções mundiais, assinalando a transição entre dois macrociclos históricos — a passagem entre a Era de Peixes e a Era de Aquário, para usar a linguagem astrológica popular. Como um farol que sinaliza o futuro, a direção do eixo do mundo hoje aponta para uma mentalidade de convergência e integração dos quatro grandes pilares do conhecimento: ciência, arte, religião, filosofia. Cada um dos títulos que escolhemos para compor nosso catálogo está, de um modo ou de outro, fortemente relacionado com essa intenção de base.

A Vida na Morte: Uma introdução ao maior enigma do ser humano
Wladimir Ballesteros
Prefácio de Adhemar Ramos
Ilustrações de Mariana Passarelli e ZH Salles
144 páginas
Em linguagem clara e acessível, Wladimir Ballesteros desenvolve as idéias teosóficas sobre a morte e o ciclo de reencarnações

sucessivas, estimulando a reflexão sobre o karma, os corpos (densos e sutis) do ser humano, o tempo e o espaço, as formas-pensamento, a quarta dimensão, a morte física e a eternidade do verdadeiro Eu.

Os Pés Alados de Mercúrio: Relatos de viagens à procura do *self*
Luis Pellegrini
192 páginas.
Escritor, editor e jornalista, ex-editor da revista Planeta e dono da Zipak Livraria, Luis Pellegrini relata suas viagens nos cinco continentes, às vezes como simples turista peregrino, outras ligadas ao seu trabalho de jornalista. Cada jornada representa um passo importante no seu processo de autoconhecimento, demonstrando que a viagem no mundo exterior corresponde, de algum modo, à vida no mundo interior. E, ao mesmo tempo, toda aventura no mundo interior modifica nossa percepção do mundo exterior.

O Outro Lado da Alma: Lendo as imagens do inconsciente
Izabel Telles
Ilustrações de Guilherme Vianna
160 páginas.
Bem-sucedida profissional de propaganda e marketing, Izabel Telles tem o dom especial de "ver" as imagens que vivem guardadas nas profundezas do inconsciente humano. Neste livro, ela descreve sua técnica e conta alguns casos emocionantes de "leituras do inconsciente", com resultados altamente positivos no campo da saúde, autoconhecimento e identificação de problemas emocionais. Seu trabalho provou ser uma poderosa ferramenta auxiliar

na terapia, no tratamento médico e psicológico, e nos processos interiores de transformação.

Nascer não Basta: Iniciação e toxicodependência

Luigi Zoja

Prefácio do Dr. Glauco Ulson, médico psiquiatra e psicoterapeuta junguiano

150 páginas.

É fácil dizer que os jovens são tentados a consumir drogas pela simples curiosidade — mas esta não é toda a verdade. Neste livro, Luigi Zoja, renomado psicoterapeuta de linha junguiana, analisa as motivações inconscientes que levam o indivíduo de hoje a recorrer às drogas pesadas e indica que um dos principais motivos disso é a carência, na sociedade contemporânea, de processos iniciáticos verdadeiros e capazes de conferir à pessoa, particularmente ao jovem, uma real identidade existencial.

As Senhoras do Pássaro da Noite

Carlos Eugênio Marcondes de Moura (org.)

Ilustrações de Carybé

256 páginas.

Coletânea que apresenta variados aspectos da tradição afro-brasileira, a "religião dos orixás", em ensaios do etnólogo Pierre Verger, da psicóloga Monique Augras, do antropólogo José Jorge de Carvalho, do sociólogo Reginaldo Prandi, do museógrafo José Luiz Hernandes e do pai-de-santo Manoel do Nascimento Costa. As *Senhoras* do título são as Grandes Mães, as *yamis* do candomblé, mulheres feiticeiras que representam os poderes místicos da mulher e seu aspecto mais perigoso e destrutivo.

Budismo Essencial: A arte de viver o dia-a-dia
Gyomay Kubose
Prefácio do Prof. Dr. Ricardo Mário Gonçalves, da USP
134 páginas, 2ª edição.
Monge da *Verdadeira Escola da Terra Pura*, tradição gnóstica do budismo fundada no século XII no Japão, o *sensei* Gyomay Kubose apresenta seus ensinamentos de maneira clara e objetiva, muito adequada à mentalidade ocidental. Enfatiza o *dharma* não-sectário, preconizando um caminho direto, sem a intermediação de estudos acadêmicos ou rituais, para se obter a experiência religiosa e a consciência espiritual.

O Andarilho das Estrelas
Jack London
Prefácio de Michel Sokoloff
320 páginas, 5ª edição.
Este instigante romance de Jack London (1876-1916) narra a saga de um prisioneiro de San Quentin que, para escapar à tortura da camisa-de-força, aprende a "sair" do corpo físico e viajar livre no astral. Entrando nesse estado alterado de consciência, não só supera o sofrimento físico mas também mergulha na memória de suas vidas passadas, suas encarnações anteriores. "O espírito é a realidade que permanece. Eu sou espírito, e eu permaneço" — um tema inesperado na obra de Jack London, o mestre norte-americano da ficção.

A Travessia
Cyril Gely
224 páginas.
Delicado e sensível romance onde o garotinho Artur narra sua morte e o encontro com o Guia que veio buscá-lo. O problema é

que Artur se recusa a fazer "a travessia" deixando sua mãe mergulhada em tristeza e dor, e o Guia se vê forçado a tomar decisões inéditas para um anjo da guarda. Aclamado pela crítica e pelos leitores franceses, este é um livro para pessoas de todas as idades que não têm medo de ser tocadas no coração.

A Rebelião dos Anjos

Anatole France

288 páginas.

Ao mesmo tempo divertido e profundo, o último romance de Anatole France (1844-1924), prêmio Nobel de Literatura, narra as aventuras e desventuras dos anjos caídos em Paris, lutando para sobreviver numa época hipócrita e massacrante, e tentando organizar um exército para tomar o céu de Javé, o "deus da ira" do judaico-cristianismo. Os capítulos mais fascinantes deste livro são, sem dúvida, a história do mundo contada sob o ponto de vista dos anjos caídos e o sonho sublime de Satã.

Ela (She)

Henry Rider Haggard

Prefácio de Roberto Gambini

352 páginas.

Mundialmente famoso por seus romances de aventura, como *As Minas do Rei Salomão*, Rider Haggard (1856-1925) teve entre seus leitores Carl G. Jung, que encontrou aqui uma excelente descrição para o fenômeno psíquico a que daria o nome de *anima* — o componente feminino instalado no interior da psique masculina. O fascínio da trama, o selvagem ambiente africano, o carisma do personagem narrador e a presença da misteriosa mulher imortal, nesta tradução competente e inspirada, fazem da leitura deste livro uma fonte de prazer e uma experiência inesquecível.

Impresso na

press grafic
editora e gráfica ltda.

Rua Barra do Tibagi, 444 - Bom Retiro
Cep 01128 - Telefone: 221-8317

Impresso na
press grafic
editora e gráfica ltda.
Rua Barra do Tibagi, 444 - Bom Retiro
Cep 01128 - Telefone: 221-8317